本书翻译工作得到了科技部国家重点研发计划（2020YFC1521500）、"考古中国·吉林东部长白山地区古人类遗址考察与研究（2021—2025）"的资助。

石 器 绘 图

〔日〕田中英司 著

王春雪 王家琪 刘 妍 译

科 学 出 版 社

北 京

图字：01-2021-5345号

石器実測法
田中英司
©2019，株式会社雄山阁

内 容 简 介

　　本书主要介绍了东亚地区特别是日本石器绘图的发展简史，阐释了打制石器的基本原理，书中有相当篇幅展开讲述了不同石器打制技术及修理技术在绘图上的不同表现方法，详细讲述了石器绘图中石器的定位、点线的使用、光线的表现、视图的布局等方面，举例介绍了细石叶、石叶石核剥片的基本原理和画法。

　　本书可作为考古学、古人类学、文物与博物馆学及相关领域本科生及研究生的工具书。

图书在版编目（CIP）数据

　　石器绘图 /（日）田中英司著；王春雪，王家琪，刘妍译. —北京：科学出版社，2021.10
　　ISBN 978-7-03-069925-1

　　Ⅰ. ①石… Ⅱ. ①田… ②王… ③王… ④刘… Ⅲ. ①打制石器－研究－东亚 Ⅳ. ① K876.2

　　中国版本图书馆 CIP 数据核字（2021）第198188号

责任编辑：王琳玮 / 责任校对：邹慧卿
责任印制：赵　博 / 封面设计：陈　敬

科 学 出 版 社 出版
北京东黄城根北街 16 号
邮政编码：100717
http://www.sciencep.com
北京厚诚则铭印刷科技有限公司印刷
科学出版社发行　各地新华书店经销
*
2021年10月第　一　版　开本：787×1092　1/16
2025年 3 月第三次印刷　印张：7 1/4
字数：155 000
定价：98.00 元
（如有印装质量问题，我社负责调换）

序　言

在人类创造的众多工具中，石质工具是考古学家最难以解释的工具。黏土制成的陶器可以随意成型，它反映了全部的人类意图。遗址中发现的所有陶器主要体现为成品或陶器碎片，考古学家可以放心地对保存完好的陶器进行分类。但石质工具的性质则有所不同。不同年龄段的古人类都可以进行剥片、修理等工作，这些行为产生的所有成品、半成品及碎屑都将被保留下来。因而，我不确定所发现的石质工具形状存在差异是否是由于不同技术所致。

为了理解石质工具，研究人员必须提高其观察石质工具的能力，这一点很重要。而且观察结果只有在模拟实验和实测后才能确认。培养医生是一项经验积累的工作，每天都要检查病人并将他们的诊断记录在病历中，诊疗记录就像对文物的实际测量一样。如今，有各种各样成熟的电子设备和软件可以轻松拍照及绘制线图。然而，仅通过观察图像不能很好地理解石器技术，有必要利用纸和笔来绘制研究人员本人的观察结果。通过测量石质工具，我学到了很多东西。没有长期积累的丰富经验，我无法继续研究。

在日本，2000年11月发生了令人震惊的事件：旧石器遗址和人工制品的伪造。有人故意将自己加工的石器工具埋在伪造的旧石器遗址中。对于不了解这一点的日本考古学家，他们认为应该引入更多的科学方法来综合分析石制品。但我认为这并不是因为缺乏科学分析，而是研究人员缺乏检视石质工具的基本能力。那时，我感到形势很急迫，于2004年出版了《石器测量方法——绘图信息技术》，对石制品开展实际测量是了解石质工具的有效方法之一。或许有人说用纸和铅笔绘制石器实测图已经过时，幸运的是我们得到了许多研究人员的支持，我们得以在2019年3月发布修订版。

2017年12月，我收到了吉林大学边疆考古研究中心王春雪博士的电子邮件，他计划在中国翻译出版本书的中文版本。这是我的荣幸，但我亦同时感到非常惊讶。中国现在的发展目标是成为一个发达的高科技国家，我认为像我这样的传统观念可能不会被接受。但是与此同时，我很高兴日本以外的研究人员也和我有相同的想法。修订版发布后，我就将再版的书和文中插图寄给了王春雪博士。由此，科学出版社才有了出版该书的计划。

在中国，有句谚语叫作"水滴石穿"。没有任何捷径可以轻松地理解古人类行为。石质工具所体现出来的技术和功能都各不相同，除了认真查找和识别石器本身蕴藏的信息外，别无他法。对研究人员而言，对石器进行实际测量是一项非常重要的任务。

我要感谢王春雪博士和科学出版社给我这次机会，能够使本书中文版在中国出版，我希望这本书将为两国之间考古学的发展和友谊做出贡献。

田中英司

2019年10月

中国語版序文

　　人類がつくりだしてきたたくさんの道具の中で，石器は最も考古学者を悩ませる道具である。粘土で作られる土器は自由に形をつくることができる。人の意思がほぼ100%反映している。そして土器は焼成しなければもとの土にもどる。そのため遺跡から見つかる土器はすべて完成品とその破損品である。だから考古学者は安心して完成品の型式分類ができる。それに対して石器は，原石の性質がひとつひとつ異なる。そして石は土にもどらない。大人でも子供でも石を敲き割ることができる。そして完成品も失敗品もすべて残ってしまう。発見される石器の形が技術の違いが理由なのか，必要なものか不用品なのかがよくわからない。

　　むずかしい石器を理解するためには，研究者が石器に対する観察能力を高めることが大切である。そして観察した結果は，具体化してはじめて確認できる。医者を育てるのは毎日患者を診察し，その判断を細かく診療記録に書く作業の蓄積である。その診療記録にあたるのが，遺物の実測図である。現代では様々なデジタル機器や簡単に図を作成できるPCソフトもある。しかし画像を見ただけでは理解できない。研究者の観察結果を具体化するのに必要なのは機器ではなく，紙と鉛筆を使って自分で記録することである。私は石器を実測することによって多くのことを学んだ。その経験がなかったら，私は自分の研究を進められなかっただろう。

　　日本では2000年11月，旧石器時代遺跡と遺物の捏造という，衝撃的な事件が起きた。ある人物によって古い地層の中に新しい石器が故意に埋められた。それがわからなかった日本の考古学者に対して，もっと科学的な分析を導入すべきだという声があった。しかし科学的な分析が不足していたことに原因があるのではない。原因は研究者自身の石器を見る基礎的な能力の不足である。その点に危機感を持った私は2004年に「石器実測法－情報を描く技術－」を出版した。石器を知るのに実測ほど良い方法はない。紙と鉛筆で図を描くことは時代遅れという声もあったが，幸いにして多くの研究者の賛同を得ることができ，2019年3月に改訂版まで出版することができた。

　吉林大学中国フロンティア考古学研究センター王春雪博士から，私の著書の中国版を出版したい，というEメールを受けたのは2017年12月である。大変名誉なことであったが，私は大変驚いた。現在の中国は最先端のIT国家を目指していて，私のような伝統的な考えが受け入れられるとは思わなかったからだ。しかし同時に私と同じ考えを持つ研究者が，日本以外にも存在したことが非常にうれしかった。私は改訂版が出版されるとすぐに王先生にデータを送って。そしてここに中国科学出版社から出版することができた。

　中国には「山溜穿石」ということわざがある。人がつくったものを理解するのに近道はない。どんなに小さない石のかけらでも，ひとつひとつがすべて異なる。それを知るためには石器に残された情報を，丁寧に見つけ出して認識していくほかにはない。研究者自身にとって実測は非常に重要な作業なのである。

　こうした機会を与えていただいた王先生と中国科学出版に感謝申し上げる。本書が両国の考古学の発展と友好に寄与することを願うものである。

田中英司

2019年10月

前　言

　　大雨冲刷着耕地上的泥土，在阳光下可以看到闪耀着光芒的"玻璃"碎片。如果试着挑选出来观察的话，会发现一些精致加工的黑曜岩箭头。这种场景，无论现代任何人见了都要发出赞叹，我想古人也应该遇到过。有关雷雨后露出石镞的记述在平安时代的《续日本后纪》《三代实录》中也能够看到，这是最早对石器进行描述的文字记录。

　　很多石器研究者在最初开始认识石器时，可能或多或少会只把石镞想象成神兵的武器，这样的想法当然是不够科学的。我也是在高中时期接触到了考古学，被石器的魅力所吸引。石器虽然是以单纯的打击原理生产出来的工具，但拿在手里，其体现出来的高超打制技术让人惊叹不已。石叶边缘存在着像刀刃一般的锋利刃口，但它却并非如金属质刀刃般冰冷，一旦触及，仿佛便能感受到制作者手里的温度。

　　如果试着将这些器物所蕴藏的加工技术准确地体现出来，你会发现，语言是如此苍白。在这种情况下，很多人都会想，石器绘图更有效果。而将这种想法转变为科学绘图的方法便是"实测"。所谓实测，须对器物正面、反面、疤痕、破损等各个方面进行认真观察，最后绘制成图。为了达到这个目的，对容易忽视的细微之处也要仔细用光照来观察其特征。把用眼睛看到的、用手触摸到的特征进行解析，转换成图像，使其资料化。自己亲手实测过的石器，即便经过很长时间，当时的感触也不会忘掉，呈现出石器自身向研究者传达信息的实感。这并非强词夺理，这就是实测的魅力所在。除此之外，我认为再无其他更加有效的方法可以解析石器。

　　2000年11月5日的日本旧石器造假报道，对日本的考古学研究者，特别是石器研究者来说，简直是令人失语的沉重打击。不管是旧石器野外工作还是研究理论，自那一日起都不得不被重新审视。仿佛大梦初醒一般，虽然遗憾，但也让众人深知，若研究者没有正确认识石器的慧眼，发生错误就是迟早的结果。

　　同时代的学者自不必说，即使日本的考古学在未来几个世纪继续蓬勃发展，旧石器学科史也永远无法摆脱这件造假丑闻造成的阴影。时光缓缓流逝，记忆逐渐淡化，而每每翻看此报道，仍能感觉到浑身切肤之痛，旧石器考古研究必须要再一次重振！为此，我想通过本书向有志于石器研究的年轻人们传达实测这项工作的意义，让他们重视实践、结合实践来培养对于石器的理解，望能重建日本的旧石器考古学。

　　我深感石器实测的重要性，在缺少专门教材的现况下，多年来一直希望能够汇编一本。但实践技术受个人经验影响的方面很多，我也在踌躇，到底应将想要传递的内容表达到何种程度，但这种顾虑到了二十世纪末也逐渐消除了。

　　发掘也好，实测也罢，都是研究的源泉。当然，本书内容并非实测的全部，但也都是反复实践后才逐渐体会到的事实。若是凭借这种实践的积累，再结合脚踏实地地讨论，共同成为新时代旧石器考古研究重点之一的话，作为本书作者，我会感到非常荣幸和幸福。

　　　　　　　　　　　　　　　　　　　　　　　　　　　　　2004年3月

目　　录

第一章　石器实测图的历史

一、石器实测图的开端

根据《广辞苑》的定义，"实测"指的是"实地测量、计算"（新村编，1998）。实测的用语包含了与计算测量有关的全部工作。除了遵循正投影法的遗物图之外，地形测量图也是实测图的一种。按照现代的遗物实测图绘画技法，滨田耕作将其称为"遵循制图法的绘图"（滨田，1922：124）。大山柏对第一次世界大战前盛行的欧洲旧石器时代研究进行过介绍，同时，他也把自己所绘的遗物实测图称为"写生测定"（大山，1922）。其相同点在于二者均不仅仅是画图，而是附加了一定的规则。中谷治宇二郎称"完整陶器的形状以及陶偶、石器、骨角器的形状是由实测图得来的"，与今天的遗物"实测图"表述一样（中谷，1929：46）。第二次世界大战后，大场认识到"绘图中有素描和实测图。素描和速写是什么？是示意图，即将物体肉眼可见的样子原样画下来；实测图是将正视图、侧视图和截面根据制图法正确地摹写下来"（大场，1948：250），且"照片虽是必要的，但同时也有实测图会更好。如果有照片的话，实测图即便不包含阴影等内容，不画成素描风格的，只是线描也已经足够了"（酒诘，1951：189），实测图的位置习惯、应该画什么、怎样画，确定这些内容也需要一定时间。

1. 西欧知识

"实测"这个词和石器实测图一同出现，可见Heinrich von Siebold在1879年出版的《考古说略》（Siebold，1879）。外交官吉田正春将其翻译为日文，普及了这本包含众多"考古学"用语的书，他还刊登了转写自John Lubbock所书 "Pre-historic times" 第2版的铜版石器图石版画（Lubbock，1869；佐原，1988a：261），书中各个图的旁边记有"实测"或"实测二分之一"（图1）。这里的"实测"指的是实物的大小，也就是现在所说的"原

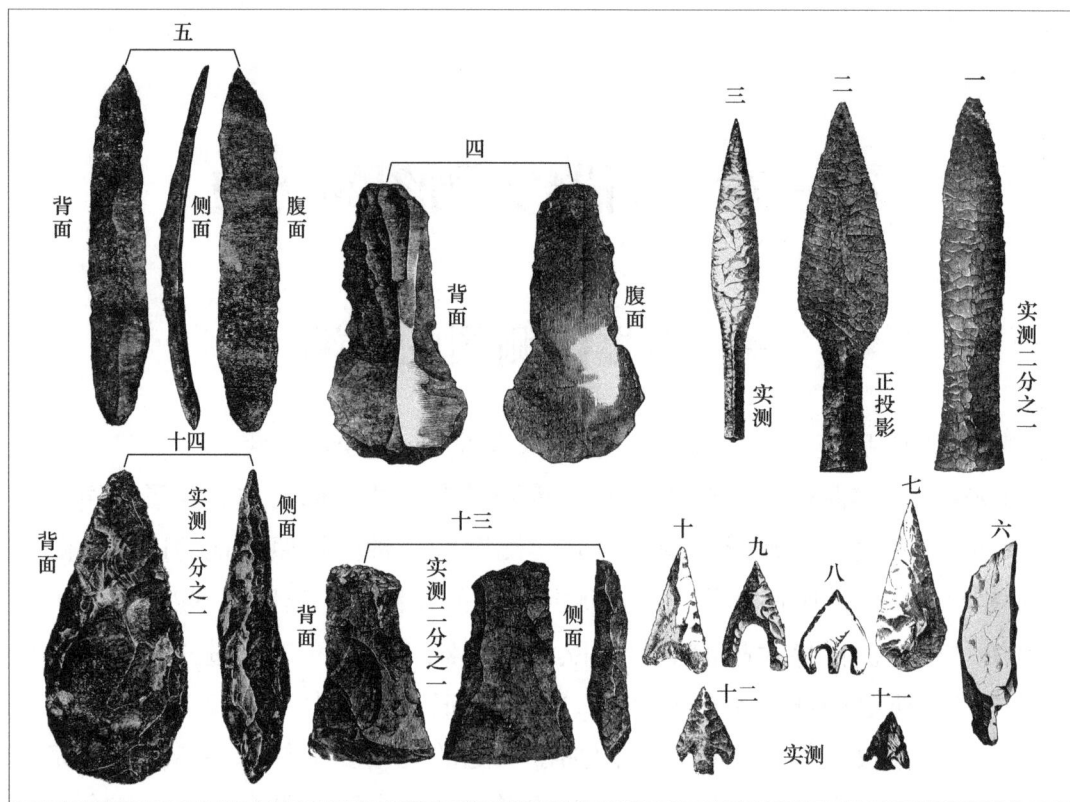

图1　《考古说略》中的插图（Siebold, 1879）

尺寸大小"的意思。细长的石器延长轴立放，尖头的则为尖头部朝上，有刃的刮削器类则刃部朝下放置。左右的侧视图依照现在通行的第三角投影法，分别朝向对应的面放置。

《考古说略》问世同年，Heinrich von Siebold还出版了以英文成书的"*Notes on Japanese archaeology*"（以下简称为《日本考古学笔记》）（Siebold, 1879）。与《考古说略》将欧洲的考古学成果翻译成日文相比，《日本考古学笔记》则是以英文来解说日本的考古学资料，更有趣的是，该书是由一个想要全面研究日本考古学材料的德国人创作的。

《考古说略》中排列的是石版印刷石器图，《日本考古学笔记》则与其相对，书中的石器图均为遗物原样照片。因为冲洗照片的方法耗资较高，发行量当然相应有限，但是它有着绘图无法比拟的写实性和客观性。在图像化标准未确立的情况下，当时的最新技术——照片，是展示遗物本身最为直接的方法。另外，卷末的一览表也值得注意。Raifu是Celt，Fundon ishi是Axe-shaped implement（斧形器），作者将石器的日文名恰当地与英语对应翻译，同时还附上了各类岩石的英文名称，例如Flint（燧石）、Andesite（安山岩）、Tuff（凝灰岩）、Jasper（碧玉）等。作者如博物学者一般小心谨慎，对于以上所说种种以及发现地点等，均作出了客观的数据记录。

2. 贞幹和石亭

Siebold的《考古说略》传播了当时欧洲考古学中已经出现的石器实测法。但是进步并不常是从外部带来的。由此上溯约一个世纪，在江户宽政年间，民间学者藤贞幹就已在使用原尺寸大小的投影图，即用实测图描绘石器，他编撰有《集古图》一书。

《集古图》流传有多个版本（包括手抄本在内），是一本将刀剑、乐器类也收录在内的古器物综合报告书。其刊行年代有1789年（宽政元年）说（中谷，1935：125），以及年代不明说（清野，1956：621）。贞幹具备"即便是小片的破瓦，也足以判断为古制"这样的科学认识（清野，1944：406）。贞幹注重严格正确的记录，这使他在同时代研究者中出类拔萃。

贞幹借助书写工具对石器的外形进行描摹，以实物大小临摹对象资料。同时也按照实际需求，在平面图之外加上侧视图、仰视图，并将它们放在指定的位置（图2）。这是绘图者细致观察所需绘图器物后才能取得的成果，比起投影图，让人更能一目了然地理解到所绘石器是刃部被打磨过的双面刃磨制石斧，甚至都可以识别出是器刃只打磨一面的"偏刃斧"，还是两端开刃

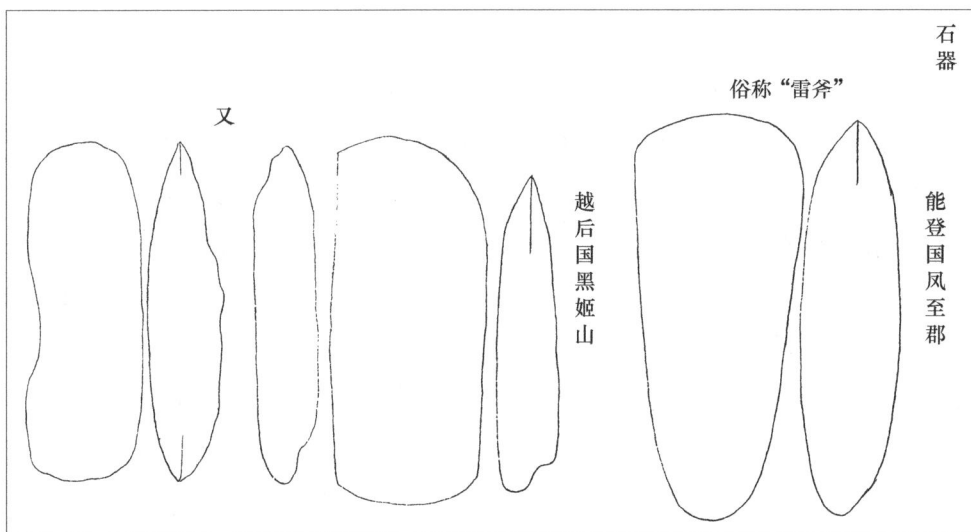

图2　《集古图》中的磨制石器图（国立国会图书馆，来自网络）

的"双刃斧"，这已不再是简单的绘图，而是实测图了。贞幹可称得上是日本石器实测图的鼻祖。他所绘图中虽只是简明记载了"石器"字样，依旧可以说是最早的石器实测图（清野，1954：639）。"俗称雷斧"的附注也证明其已具备了一定的科学性。

在近代的石器研究中，也有被誉为"石之长者"的木内石亭。石亭所编的《云根志》，从1773年（安永2年）到1801年（享和元年）长时间不定期地刊行。与贞幹的《集古图》一般，书中原图均是石亭亲手绘制。

石亭将石器分为"表面磨光（磨制）"和"表面缺损（打制）"两种。"表面磨光"的磨制石器根据外形辨识，表面缺损的"神之矛"则像现在的实测图一样以线描表现，以试图抓住它的特征（图3-1）。这件石器"光亮如漆，全长七寸五分，前端尖锐，根部为圆形"，看起来像一把长长的"石质钥匙"，中部可见两条曲折的纵脊，边缘能够看到多条由相邻片疤交汇而产生的短线。这些短线并不是毛坯进行剥片产生的同心波，而应是古人类对器刃进行二次加工产生的修疤轮廓线，石器图主要是从器物上方、左侧、右侧三个垂直方向进行描绘的。从图3-2新潟县出土的同类器型也能看出，其剥片方法为与修理器刃类似的软锤法，毛坯上的剥片面在中部还有残留，其上显示了剥片后产生的纵脊。与此对应，左右侧的刃缘也被有意地弄出曲折的形态，充分传达了石器制作者的对加工所做的预设。"漆器一样的光泽"，应指的是其为东北地区较为常见的硬质页岩制成。

3. 假石器之争和石器图

《云根志》中还有被认为是"石戈"的资料，并在进入明治时期后被重录为"石槍"（松原，1884）。石亭的器物图中央有一根纵脊，且可以明显看出两侧边缘龟裂纹一样的短线（图3-3）。笔者推测其为"表面缺损"的石器。原文记载该石器长"一尺二寸五分"，如果真的超过40厘米，那就是该类器物在长度上的世界纪录了。报告者松原将这类器型用阴影表现（图3-4）。像石亭那样从边缘开始的短线消失了，松原的图让读者感受到了中央的纵脊实则是由几个面构成的生动立体印象。由于一般情况下石器的制作技术被认为年代久远的较为原始，年代较新的则更为精美，松原认为"石槍"的年代是古老的（松原，1884：10），因此没有精致地加工等，他的线图也反映了这种认识。神保小虎也认为，虽然该石器风化严重，但其上的破

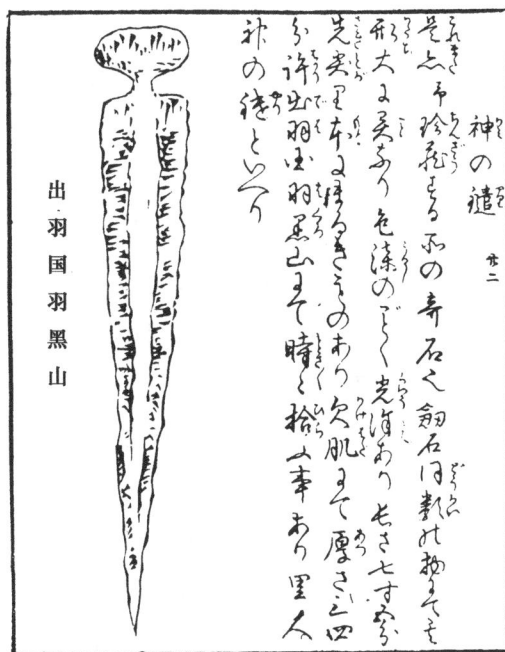

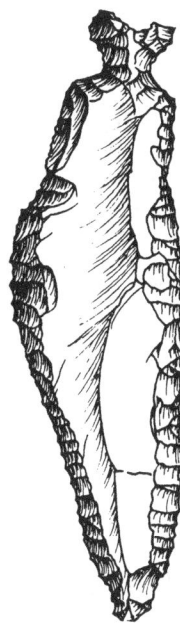

1

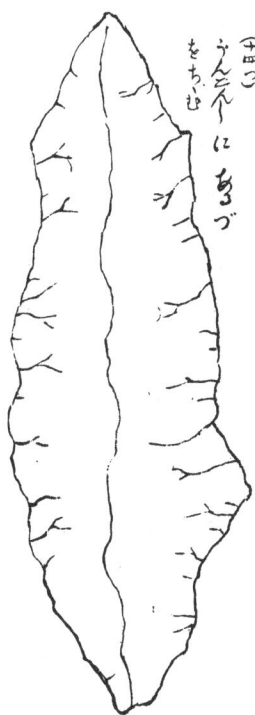

3　　　　　　　　　　　　　4　　　　　　　　　　　　5

图3　《云根志》中的石器图及讨论（国立国会图书馆，来自网络）

1."神之矛"木内《云根志》　2.矛头（中村1978）　3.石戈（松原1884）　4."鎗石"（松原1884）

5.石槍（神保1886）

损痕迹是天然石头所没有的（神保，1886），他在该器物的石版上画了带有阴影的中央纵脊（图3-5）。然而，关于这件石器真伪与否的争论出现了，比起断定这是俗称"鎚石"的第三纪岩石，外形上乍一看像石器一样，实际上是结晶等自然成因的产物（比企，1896）。即便他想展示出加工痕迹，但被绘制对象本身就并非人工制品。石亭虽将重点放在两侧边缘，对其加工过程进行了图象化说明，但是与"神之矛"不同，这件石器的纵脊从中部开始慢慢地消失了。显而易见，这是性质的问题。但在松原的图中，却没有考虑到细节，整个物体看起来就像未经加工过的石片，在神保的画中，则是以照片的阴影表现。既然假设是石器，在此就不对图中所绘器物是否是人工制品进行讨论。

媒介不同，从图中可以获得的信息也不同。即使用阴影表现且传达了全部的轮廓形状信息，绘图对象在时间和空间上的相关信息依旧是个问题，而就石器来讲，实测图必须能够明确表现敲击、打磨等物理现象的信息才可称得上合格。石亭的木版线描图捕捉到了龟裂只出现在边缘且呈不自然地扩张这一现象，即使这点涉及的信息较少，但对其进行探讨也是有价值的。

依照石器绘图表现规则，将修理及剥片图像化是最近几年才出现的事情。《云根志》在图中加入测量内容是依照了当时的惯例，但石亭并不是完全像贞幹那样追求客观的记录。即便如此，因为是以"线"的方式探索认识到的现象，其在展现考古学信息的质量上也比近代的图更胜一筹。另外应当评价的是，利用"收藏家"的社会关系集成广泛的资料，且刊行图谱进行普及，亦是颇具意义的行为。在这一点上，贞幹是远不及石亭。江户时期，除石亭和贞幹外，也存在不少关注原始文物的民间收藏家，他们的兴趣范围向考古学的各个领域扩展，同时，在充溢好奇心的推动下，在大量准备工作的基础上，近代科学被移植过来了。

二、近代的石器图

1. 印刷技法

得益于珂罗版（collotype）印刷技术的发展，考古资料中的典型器物图片集从明治时期后半期开始普及（清野，1954：617、618）。石版、铜版和照片等表现形式和早先已有的木版画共存的情况仍在继续，当然，这种选择依据的并不是制作的方便与否。另一方面，虽然石器和陶器都在以图像化的形式呈现出来，但二者之间还是存在很大区别的。大小各异的陶器很难统一比例尺，此外本身可以立住的陶器很难以正投影来展现，甚至在较为进步的《集古图》中，陶器图里也有斜上方视角的立体图。

　　小的扁平石器自己是立不住的，绘图者便将之自然地平放在纸上，由正上方的视点以原尺寸绘图，这在偶然间实现了对"实测图"来说必须的要素——"视点"和"比例尺"。各类实测图在印刷技法上虽然会有所不同，但也都包含了以上的要素。

　　无论是木版的印刷方法，还是其所印刷的内容，都遵循了江户时期对于各种古器物的传统表现形式，以幕末到明治时期的学者横山由清所著《尚古图录》为例（横山，1871），图4-1和图4-2那样的勾玉和石剑类的图，就是所谓的原尺寸大小的正投影图。图4-1的左侧图是作者自己所有的"石鉾（同矛）"，两端尖，两侧边缘的中部变窄，像被挖掉了一般。在表现原料材质方面，采用黑色留白的形式来表现剥片阴痕的疤痕轮廓线，和侧缘相对应。工具中部的白色部分上没有画任何线，而是施以断断续续的黑点，可能是用

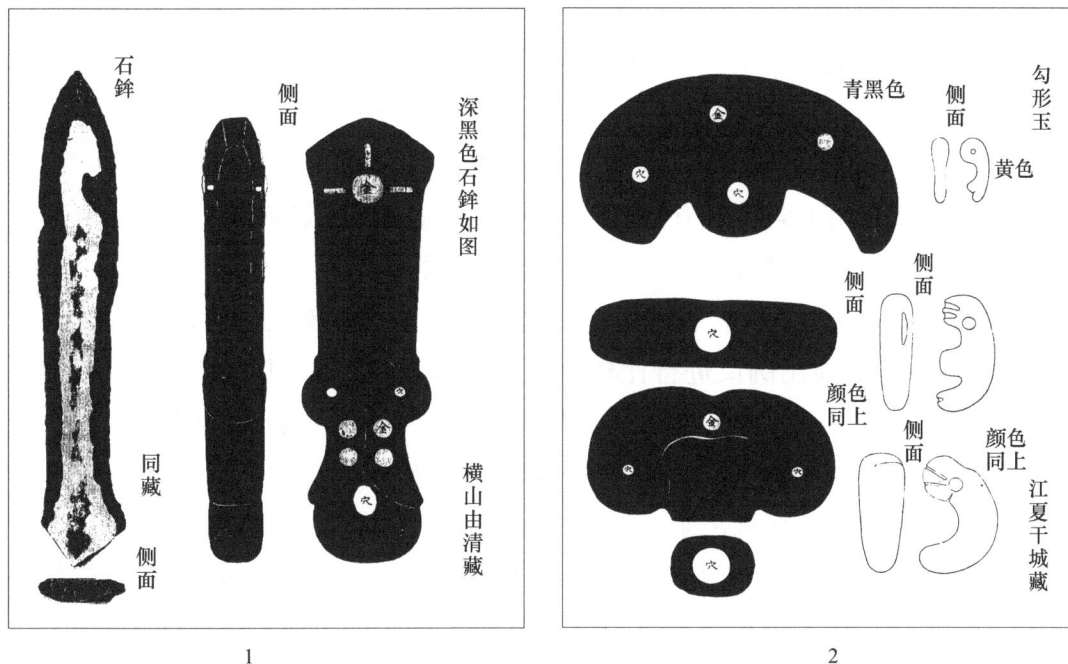

图4 《尚古图录》中的木版画（横山，1871）

1. 石剑　2. 勾玉

来区分原料的砾石面和节理面，抑或是该石器之上有着特殊的石锈（田中，2012：193、194）。

这种特别的石器是"抉入尖头器"，它以日本东北地区为中心，几乎全部分布在全日本绳纹时代前期遗址中（田中，1995）。根据与陶器类似的以器型、纹饰等造型艺术为类型式划分的原则，可以把抉入尖头器分成几个型，本文中为尊重研究史，将之命名为"横山型"（田中，2012：182）。同一型在福岛县关下遗址、上林遗址中也有发现。横山的"石锋" 也应该是同地区发现抉入尖头器的同类。虽然木版印刷给人以技法落后的印象，但加上原尺寸大小，它也能充分传递必要的信息。

与横山亲近的神田孝平是明治政府的要人，也是坪井正五郎创设的"人类学学会"的初代会长。神田在1884年出版了集成、解说日本国内石器的英文版 "Note on Ancient Stone Implements，&c.. of Japan"（以下简称为《日本大古石器考》），并在此两年之后出版了日文版《日本大古石器考》（Kanda，1884·神田，1886）。

《日本大古石器考》中的24幅石版插图中，包含了250幅以上精细绘制的实测图。石器分为了打制石器和磨制石器，图的比例尺也进行了统一，约六成是1：1，三成是1：2，其余为1：3。和木版、铜版相比，用砂目石版以线描的方式表现打制石器有一定的局限性，但磨制石斧和石棒类的正投影图像照片一样带有阴影，并且是以第三角投影法绘制的（图5）。这部神田的著作中也有2件石矛头的实测图，其中1件画的是《尚古图录》中的"石锋"的另一面，这带来了用不同印刷方法图示同一件石器的比较案例。

在《日本大古石器考》中，《尚古图录》的木版画"石锋"（图6-1）以英文Flint Spear-head（燧石石矛头）命名，且以1：2比例尺的石版画再次收录（图6-2）。以相同比例尺进行比较的话，可以看到两张图左右边缘的形状不同，像是翻转的一样，因为这画的是与《尚古图录》不同的另一面。

将尖部放大来看的话，尽管图6-1中部的剥片阴痕轮廓线留白，但作者还是清楚地将疤痕轮廓线画出来了（图6-a）。与此相对的是图6-2，首先是用稍粗的线突出了器物的锯齿状刃缘，内部则如素描一般将石片疤堆叠起来以表现其立体感，这样就可窥见器物刃缘调整加工产生的刃缘轮廓线（图6-b），但阴影处的细节是看不清的。从这点看，线描的《尚古图录》更好些，和石亭相同的木版线描与现在的实测图已经非常接近了。

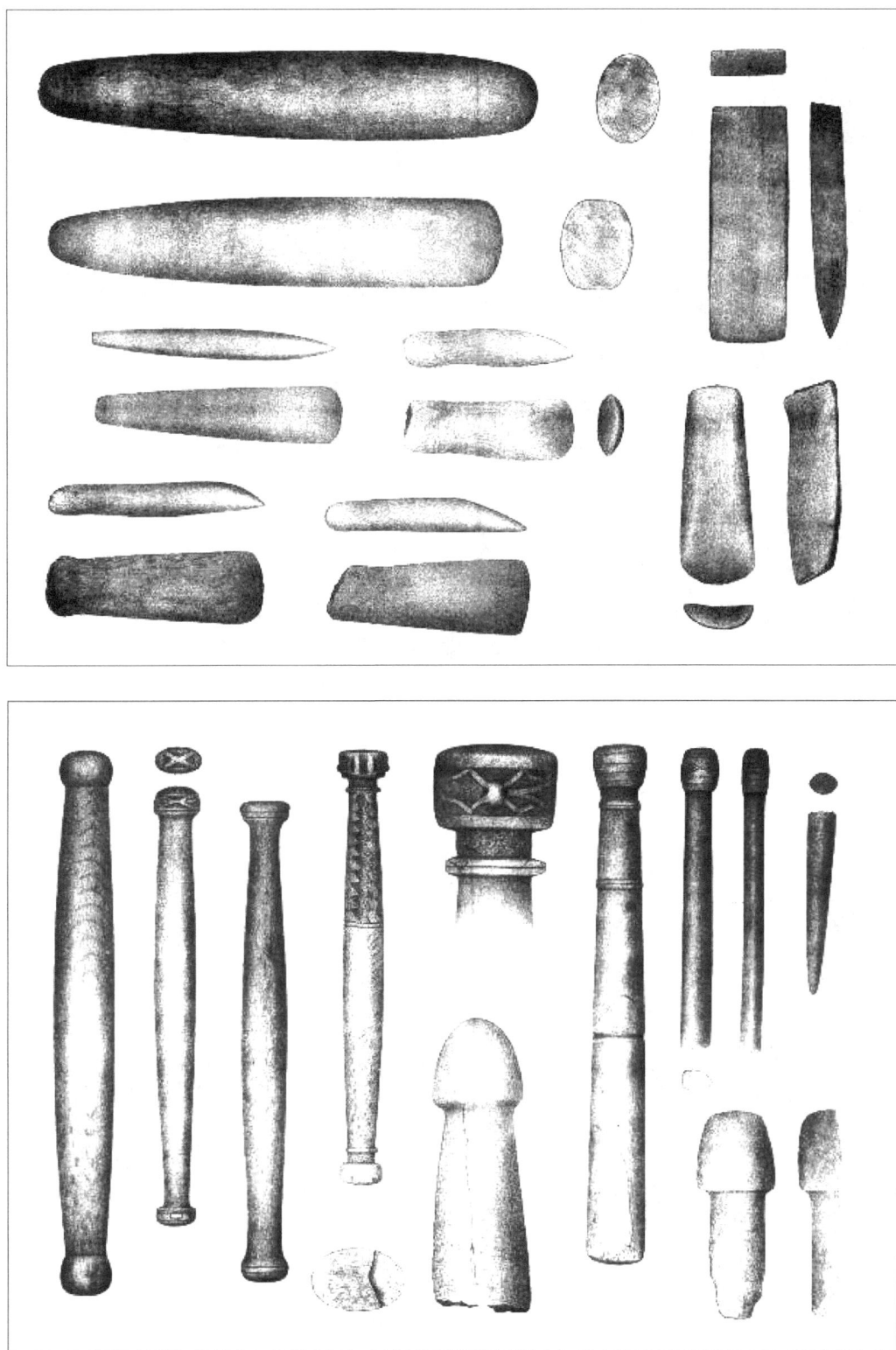

图5 《日本大古石器考》中的石版图（Kanda，1884）

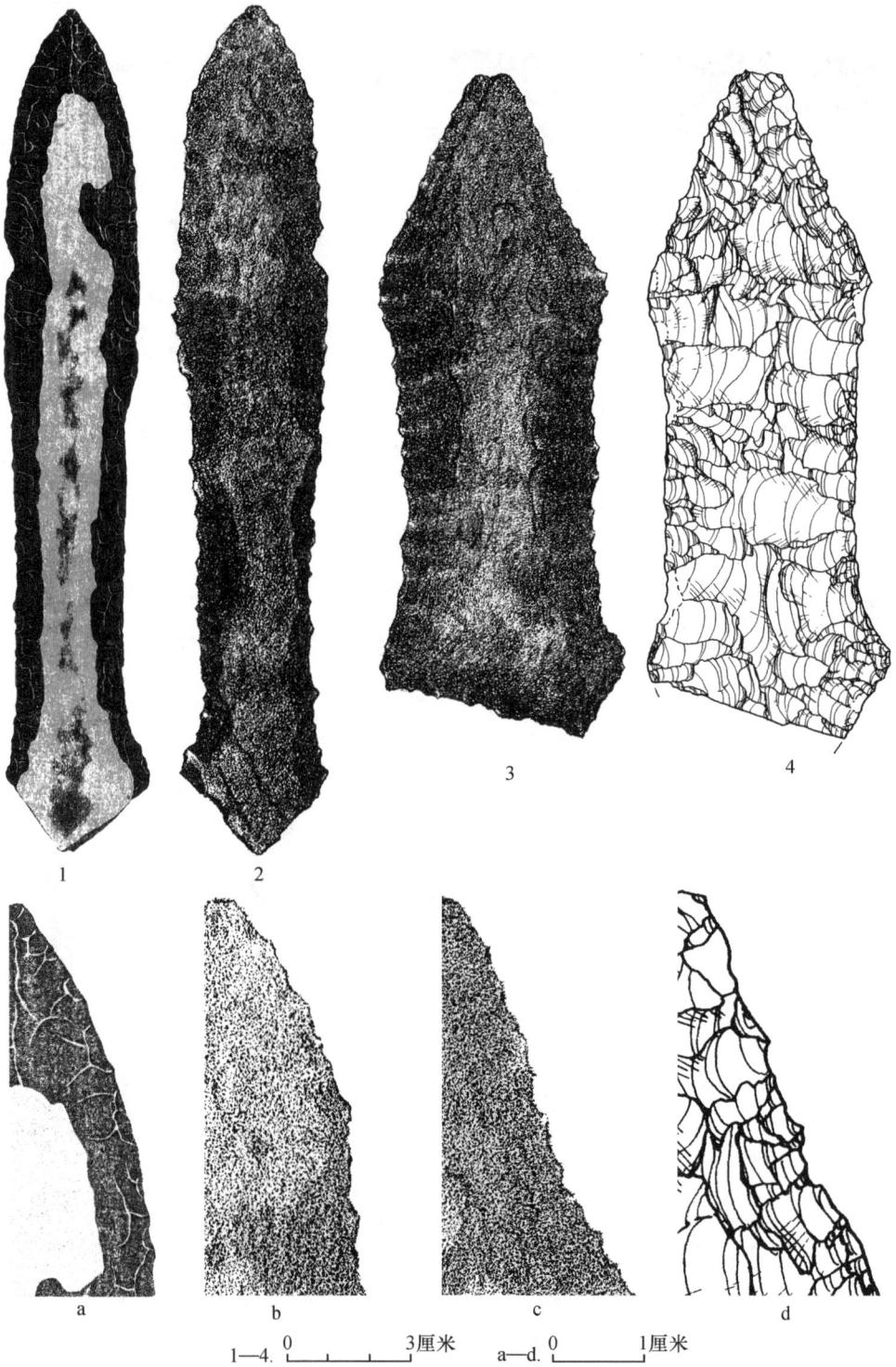

图6　不同印刷方法及其特征

1. 木版画石鉾（横山1871）　2. 石版画"燧石矛头"（坎达1884）　3. 石版画"黑曜岩矛头"（坎达1884）

4. 抉入尖头器（田中1995）　a. 疤痕轮廓线　b. 刃缘轮廓线　c. 锯齿状刃缘　d. 线图体现的刃缘

神田将书中的另外一件黑曜岩质石矛头称为Obsidian Spear-head（图6-3），它呈尖部和基部大小相近似的"畚部型"（田中2012：188）。笔者再次对该石器进行了实测，也还是以同一比例尺比较（图6-4）。尽管图6-3的锯齿状边缘稍有些强调过度的倾向，且是1：2的比例尺，但也很好地表现了黑曜岩锋利的边缘（图6-c）。即便是与再次实测的图6-d相比，尖部边缘的凹凸也被很好地表现出来。然而由此开始延伸的加工部分则隐没在阴影中，这也是件不得已的事情，绘图者没有认识到下半部分的缺损和发掘时所留下的新片疤。

神田的《日本大古石器考》展示了这一时期研究者之间的亲密关系，封面借鉴了学者Siebold的《日本考古学笔记》，此外比例尺的统一和折入式图版的英文说明等学习了"*Shell Mounds of Omori*，Memoirs of the Science Department，University of Tokio，Japan"（Morse，1879）的体裁（以下简称《大森贝塚》）。Morse（以下称莫斯）坚持正投影图的科学性虽没有直接的继承者，但由于小型扁平石器的特点，它在神田的这本著作中仍富有生命力。

2. 莫斯的视点

1877年，E.S. Morse正式发掘了大森贝塚遗址，并于1879年出版了《大森贝塚》，这两个时间皆处于1871年的《尚古图录》和1884年的《日本大古石器考》之间。佐原真指出，《大森贝塚》原书中残存着实测痕迹（佐原真，1977），只有从完整陶器到残片都以统一比例尺采用正投影方法绘制的实测图，才是莫斯的科学精神的体现。

莫斯采用"科学特性"记录复杂的、涉及多方面的陶器，并将其作为对象进行图像化处理（Morse，1970，Tanaka，2018：9）。但是莫斯太过繁忙，日本画家山村静山代他进行了出土器物实测，山村静山不仅学习了莫斯追求严谨科学性的精神，作为画家，他在器物实测图完成度上也有自己的坚持。莫斯追求毫米级的精度，而静山不喜纸面上的草稿太显眼，所以他的绘制大面积使用到了针（Tanaka，2018）。

从《大森贝塚》的原始实测中，可以读取到实物和用纸两方面皆存在以厘米为单位的方孔。为了做成极高精度1：2比例尺的陶器图，静山使用框和针，用铅笔在设计用纸上作画。针形成的测点作为方孔基准的中心线和轮廓线的起点，涉及了外形和纹饰等多方面。图7-1中1：2的完整陶器图中没有中轴线，但在口沿和左右轮廓线上还残留有针孔（●）。外轮廓线从中心轴开

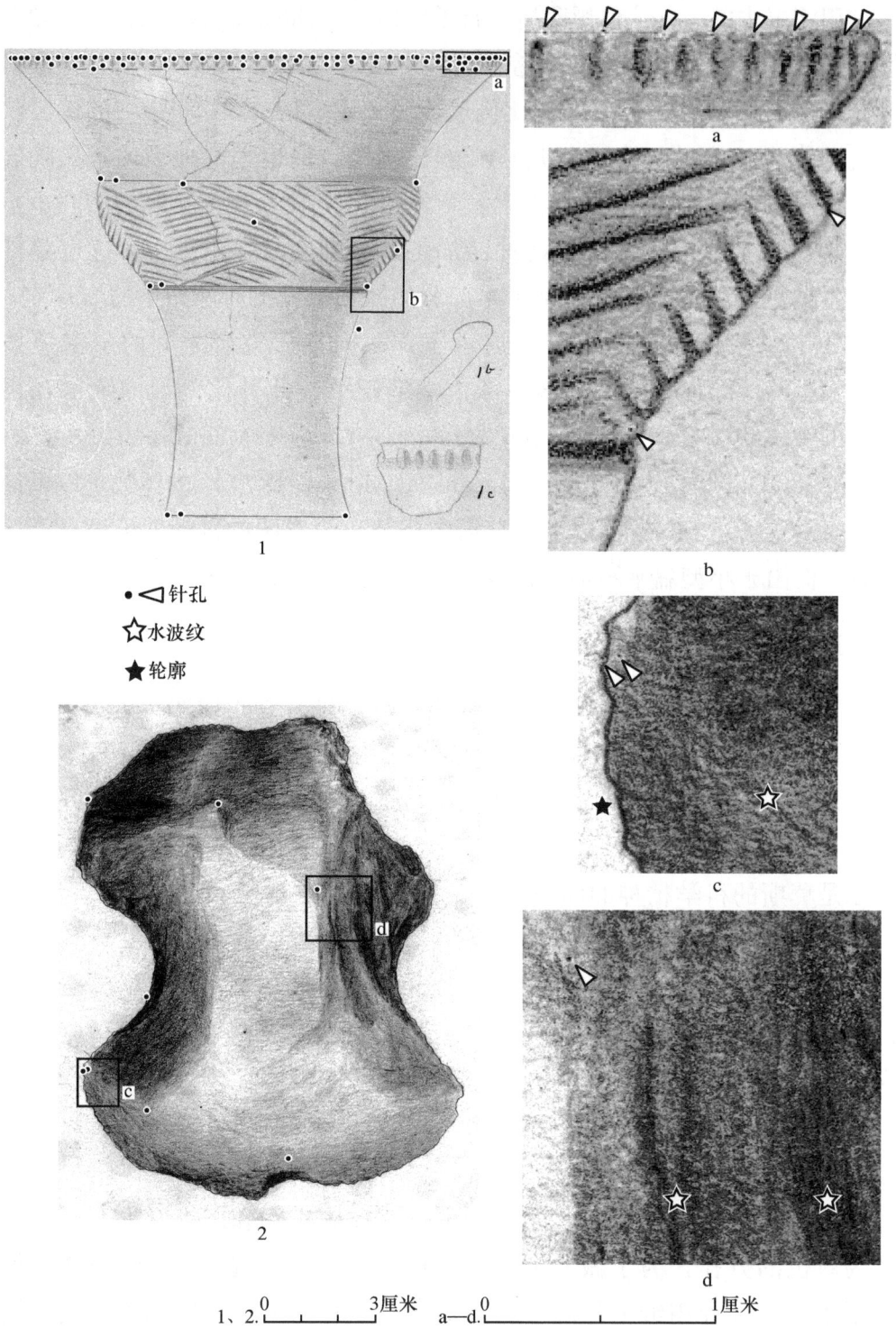

• ◁ 针孔

☆ 水波纹

★ 轮廓

图7　莫斯的实测法

1. 完整陶器图（a. 器物口沿纹饰上残留的针孔　b. 选定的特征测点）

2. 亚腰形石锤（c. 锯齿状刃缘处集中分布了较多的测点　d. 同心波和放射线在阴影中的表现）

始以1厘米为单位，左右对称地选定特征测点（图7-b）。另一方面，围着口沿部的纹饰上，也残留着一个个的针孔（图7-a），非常令人惊讶。孔之间的间隔从中心向两侧边缘开始逐渐变得密集。在1∶2比例尺下的13厘米口径范围内，仅能够确认的刻划纹就有约50个，均是以这种精密度计算并采用透视图来描绘的。

在大森贝冢的原始测量中，我们可以在实物和纸张上读到厘米级方块的存在。为了制作出精度极高的1∶2比例的陶器图，用架子和针，用铅笔在甲板纸上作画。用针测量的范围很广，包括中心线、分格线的起点、轮廓、设计。图7-1中的1∶2完整陶器图上没有分界线，但在口沿和左右轮廓上还留有针孔（●）。外形以中心轴线为1厘米为单位，各点对称测量（b）。另一方面，最突出的特点是口沿周围的花纹切口，每处都留有针孔（a）。孔与孔之间的间距从中心向两边边缘逐渐缩小。铭文的数量非常精确，在直径13厘米的半比例尺区域内，只能看到50个左右的铭文，而铭文的制作是通过计算透视的。

莫斯的主要绘图目标是陶器，但也涉及为数不少的石器。原尺寸大小的石器图上没有方孔，针孔也有限。但是自始至终都贯彻了正投影的原则。图7-2于原文中的称谓是Hammer（Morse，1879∶6），也就是所谓的"亚腰形石锤"。与纸面垂直贯通的针孔，主要分布在外形轮廓变化较大的区域和片疤交汇的重要位置。在一些变化不很显著的区域也加了一些特征点等，同样，于修理加工造成的锯齿状边缘处也放置了相当数量的测点（图7-c），以粗线给轮廓描边，精心地绘制（★）。除此之外，有些虽然是风化的毛坯，但绘制成像图7-c及图7-d那样，也能在阴影中读取到剥离后产生的同心波和放射线（☆）。最后，虽然当时还没有剥片及修理技术明确的相关理论和表现手法，但这种绘制也称得上是忠实地表现了石器技术特征。

3. 投影图和立体图

如果正确继承了莫斯的绘图视角，日本考古学可能就会早早确立起精致的科学实测图体系了。然而，实际上却走向了不同的方向。

1879年到1880年，莫斯短暂回国，也正是在这期间，他的门生佐佐木忠二（次）郎、饭岛魁对茨城县隆平贝塚进行了调查，这二人于1880年完成《学艺志林》概报（佐佐木，饭岛，1880），并在1883年按照《大森贝塚》的体裁出版了英文的 "Okadaira Shell Mound at Hitach"（Iijima and Sasaki，1883）（以下略称《陆平贝塚》）。虽然没有确认《陆平贝塚》的实测原图，但可推测书中的实测工作是由工部美术学校出身的印藤真楯完成（Tanaka，2018：37）。印藤师从于意大利画家安东尼奥·丰塔内西（Antonio Fontanesi），擅长阴影绘法，他所绘实测图的立体化程度也可堪比照片。

图8将之与《大森贝塚》对比刊载，两书共9幅石版的石器图，都是将小型扁平石器平放在纸面上作图，但一眼看过去，与《大森贝塚》（图8-1—4）相比，《陆平贝塚》（图8-5—8）阴影使用更为丰富，更加写实，连石料的质感都准确地表现出来。但是《大森贝塚》注意到了正投影图，明确显示了器物破损面的状态（图8-2—4），而《陆平贝塚》中对于一部分横截面采用了留白的方式（图8-8），具体截面的位置以及要表现出来的信息等并不明确。二者之间另一处较大差异是，《大森贝塚》全部用1：1等比例绘图，而在《陆平贝塚》的9件器物中，1：1等比例的为1件，1：2的有1件，2：3的有7件，并没有统一比例。如果看陶器图的话，二者的区别就更加明显了。

《大森贝塚》中无论陶器残片（图8-9）还是完整陶器（图8-10），均为正投影图。《陆平贝塚》与此相对，将陶器口沿残片平放（图8-11），且在一定程度上复原其口沿部分，使其与图8-12的完整陶器一样，这样做是为从器物的斜上方视角绘制立体图。另外，在比例尺的使用上，《大森贝塚》全部陶器图中近九成均遵从莫斯的想法以1：2比例尺绘制，其余采用的是1：1和1：4比例尺。然而在《陆平贝塚》中，1：2比例尺占六成，虽同样居主要地位，但其余陶器图以1：1、1：3、1：4、2：3、2：5比例尺进行绘制，比例尺总数达到了六种之多。将绘制对象立体化，就无法绘出器物真正的大小。《陆平贝塚》的目标明显是像照片那样的立体图。

极致写实照片的出现带来了一场大变革，它的普及也是时代发展的趋势。初期，由于"如果经过的时间久了，会发生化学变化，照片会因此消失"（平木，1936：67），需要具有耐久性的石版印刷；之后变成了在经过改良的活版文字中编入照片制版，文字和图版成一体的刊行物急速扩张。

以《人类学杂志》为例，其前身《东京人类学学会杂志》创刊于1886年（明治十九年）。从明治20年代到30年代前半期，该杂志以石版画为中心，尚不用照片。正文中也有插图，但主要的图版是作为插入图额外印刷的，延

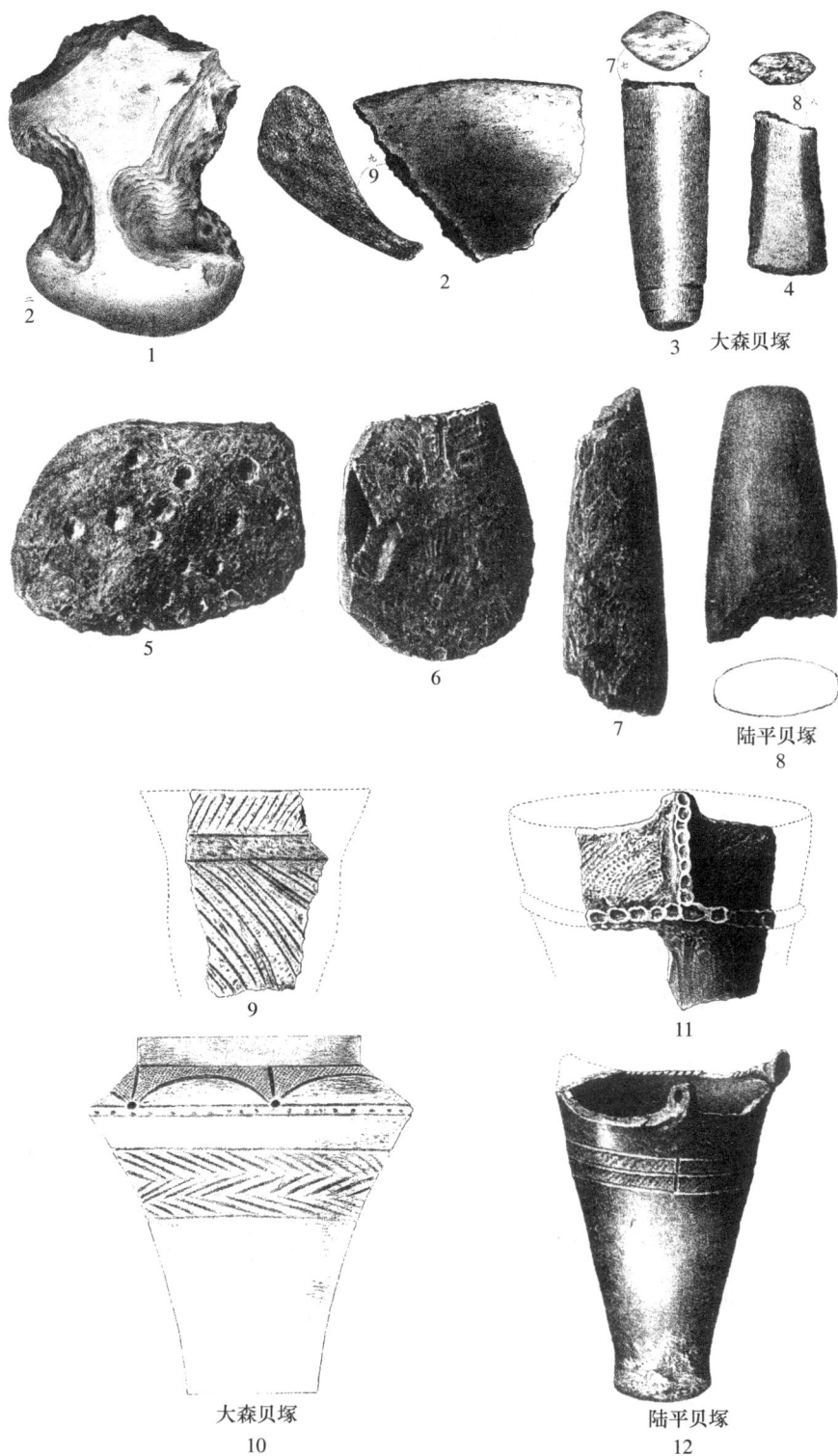

图8　《大森贝塚》和《陆平贝塚》中的器物图（Morse，1879；Iijima and Sasaki，1882）
1. 亚腰形石锤　2—8. 磨制石器　9、10. 陶器　11. 陶器口沿（残）　12. 陶器（残）

续着《大森贝塚》时期印刷的情况。明治30年代后半期，在封面图中出现了单色照片，然而另一方面石版的插入图版依然存续着。在大正时期，插入图版终于消失了，而在进入到昭和时期后，编入正文中的照片数量渐渐远超其他。学术报告里需要的信息都被集中在照片中了。

三、研究者是实测者

1. 画家和研究者

想要得到精细的石版画，既需要画家高超的绘画，也需要石版工的精湛技术，二者共同构成了石版画的基础。因此，在《陆平贝塚》中，佐佐木等人把底图委托给画家印藤可称得上是最好的选择了，从而出现了甚至不需要制作底图的照片。但是笔者认为，研究者和绘图者本来就有着密不可分的关系。

莫斯执着于将投影图和比例尺搭配使用，因为他认为，这对资料之间的客观比较来说，是不可缺少的。这个认识是建立在他作为科学家的观察力和问题意识之上的，同样是其作为制图工所具备的素养。另一方面，作为西洋画画家，印藤追求的是照片一样的立体表现。但这两种载体不能相提并论，也没有要求严谨地统一视点和比例尺的必要，因为二者原本所体现的目的就不同。

实测图不一定是研究者自己绘制的。石器的打击原理不会因为人而异，也不该因人而异。因此欧美绘制实测图的画家称，"石器类型学终究是考古学家的领域"（Addington，1986：2），另一方面，实测作为画家的职业领域被分离出来，这意味着它"作为对石器类型学家的先入为主和潜在盲点的反击而受到欢迎"（Addington，1986：ix），那么，学者和画家分工协作是否为最优解？然而，莫斯试图展示出来的是，对于研究者来说所谓实测图就是自身认识的一种具象化形式。的确，繁忙的莫斯虽借助了木村静山的帮助，但还是要按照自己的思路进行修改，为了符合自己的意图也多次让木村静山修正和重绘（Tanaka，2018）。且从他抱怨绘者的表述中可以看出，他自己并不能完全被画家代替（Morse，1983：88）。因此，涉及的所有软体动物全部是莫斯自己实测绘制的。

如果是单纯绘制器物图的话，可以假设不论谁作图都是一样的，但是事实并非如此。因为与照片不同，实测图有进行信息取舍的必要，取舍尺度因研究者的水平高低而异。即便是同一件石器，不同人绘制的图也存在差异，这就是细节认识和见解不同的证明。另外，即使对于本人来说，最初绘制的图和积累诸多经验之后的绘图亦有很大区别，这并不见得是变得多么擅长绘图了，而是有了一定的基础，自己的认识深化提高了。

2. 大野云外的型式分类图

大野云外（延太郎）任职于东京帝国大学，在人类学教室从事制作教材的画工工作（斎藤·浅田编，1976）。他通过每天的工作集成了《纹样的仓库》中（大野，1901）的代表性纹样，并由最初的石器又扩展到陶器、骨器的类型划分上。

以打制石斧为例（图9），大野展示了以 "砝码形" "拨子形" "短册形" 命名的各种类型，记有 "武藏，西原（西ヶ原）" 和 "武藏，植物园"等出土地的各个石器（大野，1907）。而且对总数为258件的石斧以型式别、

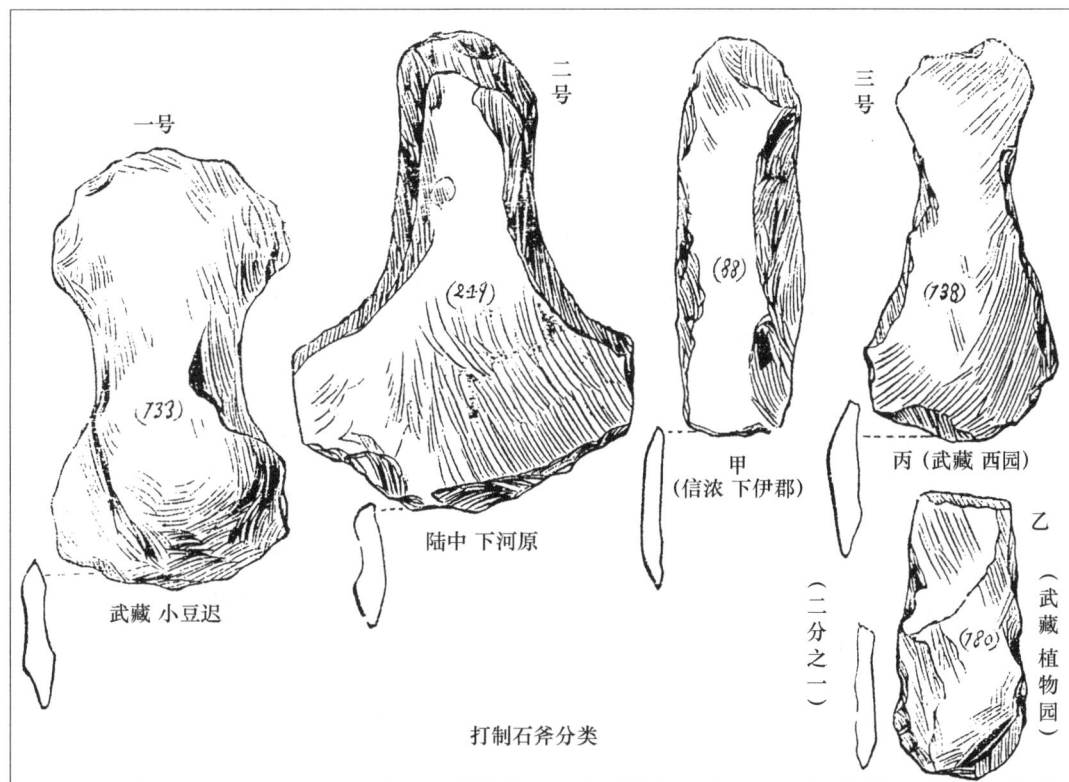

图9　大野云外的 "石器型式分类" 图（大野，1907）

地域别进行了定量的比较，再没有这样从实际资料中抽丝剥茧形成的研究了。"器刃较钝，很少有特别锋利的，其功能可能只是敲击东西，或是用来挖土挖洞，尚且不明"（大野，1907：134）等看法，也是实物拿在手里的实感所致吧。

在磨制石斧方面，他也把人类学教室收藏的682例分成了7种类型，但也谦虚道"如果从极致的角度来看，它们之间存在很大区别，但它们非常相似，如图所示，大体上是具有一致性的"（大野，1906：216）。此外，研究还包含有3件破损器物。大野谨慎地将完整器物和破损器物分为甲乙，且没有轻易地画出其复原图，因为他已经比任何人都切身体会到实物的复杂性了。

在《考古学大观》（大野，1930）的序言中，鸟居龙藏评价了大野的研究，写道"恰如居高屋之上建瓴水也"。但是不如反过来理解，大野是在细心地观察、记录琐碎的实体之后展开眺望，而不仅仅是居高临下看待实物。画家大野能够成为真正的研究者，也恰恰说明了对研究者而言，实测是一种怎样的经历。

3. 滨田耕作的遗产

日本人对于古老遗产特性的认识，可以追溯到江户时期所谓尚古思想的民族感情中（金关，1985）。或许是因为这一特性的延伸吧，现如今研究者才会直接对器物本身进行反复研究，并借此达到了一定的理解程度，他们深深明白，如果主观地借助属性分析和数理统计分析进行器物描述的话，依旧属于将实测图作为一项工作委托给画家的欧美方式。可哪里存在不开展临床活动也不写诊断记录的医生？实测图于石器研究者亦然。正如医生累积一定经验才开始有可能具有诊断的水平一样，石器研究者若想提高自身境界，也需在遗物实测中细心将原始器物描绘在纸上，且不断累积。或也可借用金关恕的说法，要达到这样的阶段："（前略）根据将零星的一个碎陶片拿在手里那一瞬间的印象，根据拿着这个碎陶片的感觉进行识别，然后原样保留结论，这比通过要素和属性分析来获得结论更正确"（金关，1985：329）。然认知固然重要，作为实测者，研究者更加有必要赋予务实体系重要的地位。

第二次世界大战后，日本考古学者发现了岩宿遗址。从二十世纪初至该遗址发现为止的约半个世纪，石器实测图并没有发生太大的变化。然而，也正是在这一时期，京都帝国大学的滨田耕作说明了与考古学有关的实践方法，其中包括确立实测图的重要地位，日本考古学的新时代到来了。

滨田重视精细、合理的事实记录，并以英国学者William Matthew Flinders Petrie的方法论作为记录的范本，这在著名刊物《通论考古学》中得以体现（滨田，1922）。该书颇有价值，是一部是优秀的实用书。它以考古学的定义和目的为开篇，以调查、研究为主要部分，从博物馆的陈列设计到与大学的协作，该书包含了即便是如今的著作也无法比肩的内容。金关将滨田的成就与莫斯相提并论（金关，1985：329）。与最终没有后继者的莫斯相比的话，滨田更称得上奠定了日本考古学的基础。

《通论考古学》遵循Petrie所著 "*Methods & Aims in Archaeology*《考古学的方法与目的》" 中的Ethics of Archaeology（考古学的道德）（Petrie，1904：169—188），以 "考古学遗迹的发掘，其本身就是一种破坏" 开篇（滨田，1922：181—183），包含了至今为止考古学从事者所需遵守的规范。书中与绘图有关的是，滨田提出 "考古学者即便不足以成为绘画能手，也必须要有完成正确的写生示意图（sketching）并同时依照制图法作图的素养"（滨田，1922：124）。"正确的写生示意图" 和 "依照制图法作图的素养"，便是考古学者自身的追求。

梅原末治和图案科出身的小林行雄等京大考古学研究者们继承了这个方针，他们发表了遗物至上主义言论。"把东西灌输到大脑中" 梅原的这句话（梅原，1973：127），简洁地表达出来了遗物实测的思想。小林等人实测并分类了1000件以上的陶器，编成了《弥生式陶器聚成图录》（森本·小林编，1938·1939）。实测图与研究是密不可分的，这一点随着小林等无可争辩且划时代的成果得以体现，不管他人喜欢与否，小林等都为日本考古学带来了研究者亲自作图这一传统。

4. 进行怎样的实测

那么这时的实测方法具体来说是怎样的呢？在 "*Methods & Aims in Archaeology*" 内关于作图的内容中，Petrie对于印刷时线的粗细，纸质以及墨水的种类与浓度，甚至连铅笔的削法都做出了详细的说明。但是他并没怎么涉及像石器这样的小型遗物实际要以怎样的步骤进行实测。在书中只可勉强找到一点讲解，"……于小型遗物组合非常有用的记录系统，特别是将一堆遗物放在纸上（选择2倍大小的图纸），沿着外缘的周围移动铅笔，另外加上描述这件器物所需的必要细节。这样快速简单地作成图版，远比对遗物进行文字记录更加有用。铅笔尖端的另一侧要削得像凿子刃那样锋利，笔直地握笔，在纸面上方1/2英寸或者1英寸谨慎地沿着边缘垂直向下移动，就可以画出轮廓。纸张尺寸的选择需要注意到所用比例尺的大小。将实测图上的图版编号印刷后贴在图上"（Petrie，1904：69、70）。

在《通论考古学》中，滨田效法Petrie写道"小件器物以圆规逐个测量其重要位置的尺寸，将之画在米格纸上。硬铅笔的尖端需削尖，以之完成草图，而后上墨。（中略）小件器物可用铅笔描绘其轮廓，也可以清绘其形象。（中略）制图时，可制成原尺寸大小或原尺寸1/2的图，将其制成图版时可以缩小"（滨田，1922：124、125）。中谷治宇二郎的《日本石器时代提要》也同样包含具体的表述："制作实测图时，以纸、铅笔、尺子和直角规为佳。纸张尽可能选用小格方格纸，（中略）完整的陶器等绘成二分之一大小，（中略）陶器以外的小型遗物，可放于卡片上，用铅笔标记其大概外廓，之后一边用圆规测宽度一边画出来，并以实际大小进行绘制。"（中谷，1929：44、45）。1943年，梅原末治等人出版《校订日本石器时代提要》，但新版关于这部分的记述除了换行之外一个字都没改动。研究者们个人的绘图办法姑且不论，其实测的操作步骤却是大同小异的。

5. 原尺寸大小的信息

《通论考古学》认为书的尺寸应以尽可能地制成"大版"为佳（滨田，1922：189），这样的话一页上便可以刊登多组图，弥补了一直以来折入图版在保存性和经济性上的缺点。姑且不论像石器这样的小型遗物，就陶器而言，仍然不得不用缩尺图。中谷从最初便以1：2比例尺绘图，应该是考虑到将其制成图版时的便利以及进行数据保管的便捷性。针对于这种情况，小林行雄在陶器实测中提出了自己的办法。小林最初是以1：2比例尺进行实测，然后将制作得完整陶器实测图全部作成左右对称的图版，后改为先以实物大小进行实测，再将其用网格纸缩小的方法作图。为此，小林之后还设计了"仿形器"，一种能正确描绘出器物外形轮廓凹凸的器具（小林，1982）。以这样的指导原则为基础，小林出版了《弥生式陶器图录》（森本·小林编，1938·1939），书中综合了大量陶器图的特性，虽以1：6比例尺制版印刷，但因采用了高价的珂罗版印刷，依旧能表现出原尺寸大小，捕捉到原图中细微的线条（内田，1994）。

　　小林等人强调了是实物原尺寸大小的信息，对石器也一样，在之后的石器剖面图制作时同样采用了仿形器。金属铸造的青铜器和黏土烧成的陶器基本是完整器物，研究者作图的目的是把器物外形轮廓确实地画出来。但是对于石器而言，完整器物也好，半成品也好，废弃的副产品也好，全都混杂在一起，并会受到石器制作者的制作水平和原料质地的影响。石器绘图必须立足于这种个体差异，提取并表现出石器制作和使用过程产生的物理现象，这具有一定的难度。

　　大阪府国府遗址的调查是由京都帝国大学考古学教室进行的，遗址中出土的"粗大石器"被研究者认为是"旧石器时代"的遗物。虽然报告中转载了John Evans著作中的铜版石器图，国府出土的石器却是以照片展示的，而不是线图（滨田，1918）。研究者应是在还没确立如何以图像表现石器上修理现象的情况下，选择了采用照片来客观地表现石器。

　　从前藤真干的著作中也很清楚表述过，对于磨制石斧那样的石器，即便只追求外形轮廓的表现也能提供一些必要的信息。但是打制石器并不简单，以照片来展示剥片或修理的详细情况是比较困难的，若想成功描绘这些信息就必须要对石器剥片及修理具有一定的研究基础。以石亭为首的早期石器图中，绘者一方面在视觉上追求表现已发生的现象，另一方面也在线图上绘出了剥片产生的轮廓线。但是他们并没有立足于剥片及打击的原理，仅为依照自我意识地表现。大野云外也曾在图示中具体描绘打制石器的制作过程（大野，1926），然而却没有达到表现剥片现象的程度。樋口清之通过实际制作石镞之类的打制石器，了解了剥片修理的基本原理（樋口，1927）。大山柏也联系到"假石器"，即今天所说的伪石器问题，亲自利用碎玻璃进行模拟实验（大山，1931），还设计出"剥取""打击点""同心波"等有关剥片现象的日语名词。但从近代后半期的图谱来看，这始终停留在个别的实验研究中，还未到达建立新作图法的程度（田中，1991）。

　　虽说根据模拟实验确认了剥片现象，但仅依此描绘的话，那便只是记录物理现象的图了。石器实测图有必要研究石器上残留的人为痕迹，寻找时间和空间的要素。就像因为古墓葬调查，产生并发展了古墓葬研究者一样，要使石器实测工作得到发展，就必然产生专门的研究者、发现专门的材料。第二次世界大战后，群马县岩宿遗址首次发现了无陶石器文化，正是这一发现将有关实测的实践要素连成了一条线。

四、现代的实测图

1. 岩宿遗迹的报告书

比绳纹时代更加古老的时代，可以叫作"先绳纹""先陶器"，"无陶器""旧石器""岩宿"等各式各样的名称。在一段时期内，"旧石器时代"统一了这些名词，但这实则是"旧石器造假事件"招致的学术惨祸，吾辈应再次重面前人所用的多种名称。笔者依据杉原莊介的主张——时代名应该对应地域特征和文化特征（杉原，1963），使用"先陶器时代"（田中，2001）。现代以来，专攻石器的研究者中人才辈出，石器实测图也因此得到了长足发展。

明治大学的研究者于1949年调查了岩宿遗址，并发表报告书《群马县岩宿发现的石器文化》（以下简称为《岩宿遗迹》），1956年，其作为《明治大学考古学研究报告》第一卷得到出版（杉原，1956b）。从发表到出版历经了7年时间，足以得见学界对于确定这种未知石器文化的地位进行了诸多研究。这本不朽的报告书证明了日本存在比绳纹更古老的文化，具有里程碑意义，书中提到了多个问题，但在此仅对限于绘图的问题进行探讨。

《岩宿遗迹》的尺寸是B5开本，石器的图版汇集在卷末，全部以1∶1比例展示。报告中首先依照时代早晚把A区岩宿层出土的资料命名为"岩宿Ⅰ"，阿佐见层出土的定为"岩宿Ⅱ"，作为该遗址发掘开端者的相泽忠洋将A、B区采集的资料定为"岩宿Ⅲ？"。报告中图版以原尺寸展示是因为所绘多数是小型石器。作为日本首本上溯到绳纹时代遗址的调查报告，始终注重客观的资料描述，报告中照片和实测图之间的关系也表现了这点。

2. 布局和方向

石器图版有正面、背面的照片（图10-1），下一页是同一件石器的同一面的实测图版（图10-2）。石器两面对称展示，正面图放于左边，背面（腹面）图放于右边，另外如果有剥片，则还要放置主要剥片面的图版。两个侧面的轮廓是分别制成的，所以反转叠加的话并不一致。在照片和实测图中，

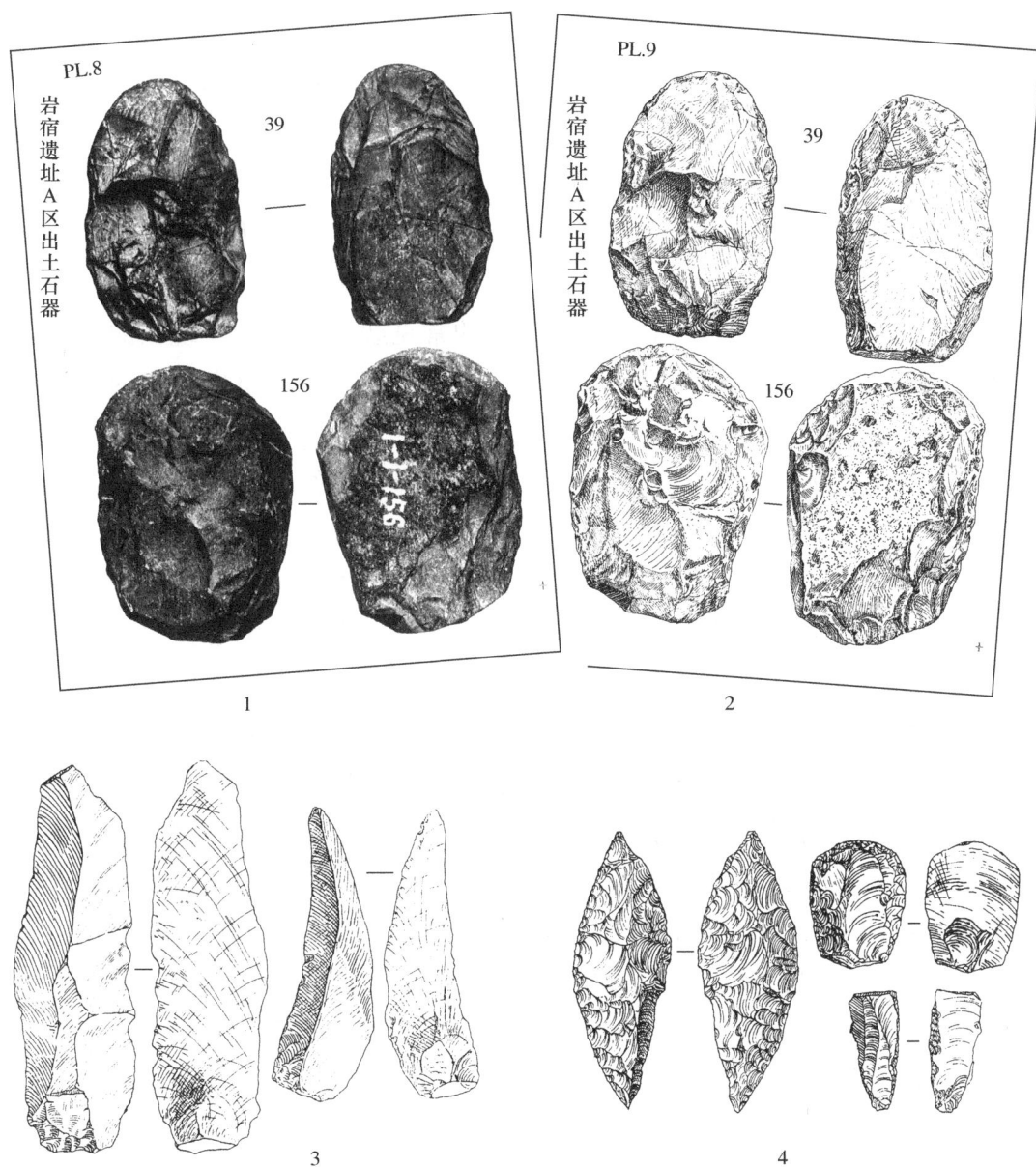

图10　《岩宿遗迹》中的石器照片和实测图（杉原，1956）

1. 照片原图　2. 实测图　3. 页岩石器　4. 黑曜岩石器

石器两面图的中间都画有一条指示线，以显示两个面之间的关系。实测图的描绘以阴影表现，据推测，其意图是先由照片显示客观轮廓之后，再用线图补充。我们可以看到，在岩宿遗址的研究时期，近代后半期照片和线图的主从关系还没有被打破。然而，照片无法显示出"手斧"的纵、横截面图，文中却依然以1：2比例尺的形式单独显示，由于相互性质的差别，出现了实测图图和照片逐渐分离的迹象。

接下来值得注意的是石器各侧视图的布局。"手斧"和"端刃刮削器"的刃部、"尖状器"和"琢背小刀"的尖部向上，工具片状毛坯的剥片面统一放置在下面。除了"尖状器"外，这样的布局与现在正好相反。"手斧"是尖头部朝上，应该是继承了欧洲考古学的常见线图布局，与现在的"磨制石斧"相比，刚好相反，石器线图布局体现出对石器的评价发生了的历史性转变。

《岩宿遗迹》里石器线图布局并没能得到杉原后续作品的继承。这体现了实测图本身，包括其布局方式在内，尚处于试错阶段。有关石器各面如何在纸上布局的讨论，也是探明作为绘图对象的石器本身特性的一个契机。每次都有必要作成原始描摹图，而不是像如今这样很方便地随意复写，这可能也是引领实测图变化的一个现实原因。

《岩宿遗址》以前简报中提及的石片打击点、同心波和放射线等，仅对体现剥片的主要剥片面（石片腹面）侧进行图示（杉原，1953）。这一时期杉原所参与遗址的研究报告中，如千叶县丸山（杉原·大冢，1955）和东京都茂吕（杉原等人，1959）等，普遍出现了这种倾向。第二次世界大战前，学术界在讨论疑似"旧石器时代"的石器时，就对有无打击点的问题进行了争论（山内，1936：35）。丸山和茂吕遗址的石器图显示了其带有明确打击点的腹面，这大概反映了当时石器研究的历史环境——研究必须先从确认其为人工制品开始。

3. 黑曜岩的功绩

《岩宿遗址》的实测图基本都有阴影表现，与照片相辅相成。但是岩宿的石器原料涉及多个种类。"岩宿Ⅰ"的页岩质石器，包含"手斧"在内，易风化，难以观察出打击点，绘者采用相交线和阴影的方式来表现其立体感（图10-2、3）。另一方面，以尖状器为代表的黑曜石质石器组合中，所绘短线与剥片面的同心波大体一致（图10-4）。玻璃质的黑曜岩风化程度较弱，能够清晰地显现同心波和放射线等剥片现象。即使本是为表现立体化而进行的线描，同心波和放射线依旧被绘制上了。

1950年代报告的东京都熊野町和殿谷户（吉田，1952）、埼玉县秩父吉丸（佐藤，小林，1953）、长野县八岛（户泽，1958）、东京都茂吕（杉原等人，1959）和北海道白滝（吉崎，1959）中使用的原料以黑曜岩为主。此外，如果算上以岩宿为首的少量但也包含黑曜岩质石器的资料，这一时期调查的石器遗址大半都存在黑曜岩质石器。有关茂吕遗址石器组合的表述，加藤秀之也进行过论（加藤，2002），但若说到日本石器制作技术体现在绘图中的背景，就是存在着这样的黑曜岩石器组合以及侧重石器制作技术的松泽亚生（松泽 1959·1960a·1960b，田中，1991）。

松泽认为，古人类石器制作的意志体现在"工序"之中（松泽，1959：2）。他选择长野县梨久保和北踊场遗址的黑曜岩质尖状器作为分析对象。对于腹面有许多修理疤痕的尖状器，需通过获得适合观察的石质材料，阐释相邻修理痕迹的"叠压关系"导致的时间差。松泽试图通过几张图来重建尖状器复杂制作过程的最后工序，分别为包含同心波技术表现的实测图（图11-a），在修理疤痕的轮廓线上写上时间差记号的实测图（图11-b），以及几个修理疤痕分布区的汇总图（图11-c）等几阶段的图（松泽，1959）。

松泽的目标不是为了绘图本身的研究。但是，了解修理片疤产生之时间差的这种视角，必然在图中有所反映。实测图作为描写石器上所展示"技术"的层面而被掌握，所以用阴影来表现修理疤痕的过程这一绘法自然被束之高阁。松泽更是亲自进行了石器制作的模拟实验，并将所得器物与考古标本进行比较讨论。在松泽的研究帮助下，樋口和大山尝试的模拟制作实验渐渐与正式的实测图结合。

4. 砂川遗址的实践

杉原莊介在《欧洲史前考古学》中用"文化"（Culture）取代了"工业"（Industry）的说法（杉原，1956a）。石器展示的技术特征导致了"文化"的意识，这种意识从岩宿遗址发现时就已开始形成。"剥片技术""加工技术"等专有名词的出现，使得"技术"一词在20世纪60年代以后逐渐成为了前陶器时代研究的关键词。

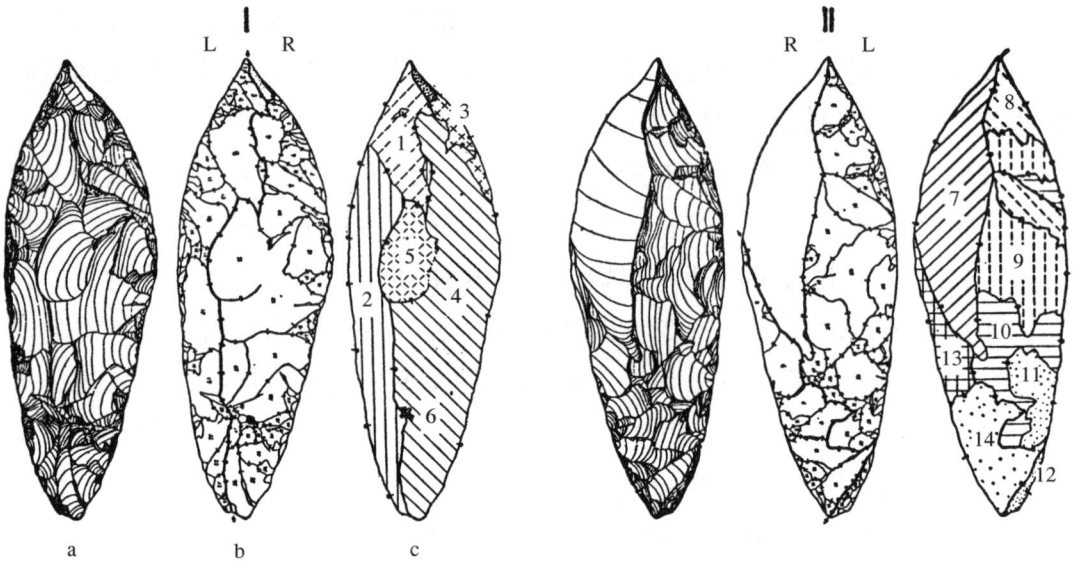

图11　修理工序过程的视角（松泽，1959）

对于技术的侧重开始主导石器研究的方向，这也体现在了埼玉县砂川遗址的实践成果之中（户泽，1968）。砂川遗址前陶器时代的石器集中出土于垆埔层中。与黑曜岩制成的石器相比，以燧石和板岩为原料的石器更容易被鉴定出来。通过石器拼合，有利于复原该遗址的剥片技术的工艺流程。

在砂川遗址中，拼合过程的顺序首先表现为各个石器沿原石方向逐渐进行拼合（图12）。因为同心波是指示剥片方向的主要参考因素，所以绘者抛弃了阴影表现，通过简明地加入同心波来体现剥片方向。这样，这种由石核两端作为剥片台面以及180度"对向"剥片的特征得到了具体说明，"砂川型刮削器技法"则由此根据石器加工技术而提出的。

砂川遗址也为我们提出了一些很好的研究视角，例如由石器技术的分析上升到遗址功能的研究上。另一方面，若仅限于线图的话，砂川遗址虽然通过确定同心波作为剥片方向的标志，但并没有重视根据剥片先后顺序来绘制同心波，显现了和接下来的月见野遗址联系在一起的模式化方向。另外，在线图的布局上也如在刮削器线图看到的一样，因为和茂吕遗址等一样，左右的侧视图全部放在石器正面、背面之间，结果就出现了正投影图第一和第三角法混杂在一起的情况。

岩宿遗址以后，关于石器时代的报告增多，也渐渐出现了尝试谋求实测图标准化的动向。大井晴男推动了包括投影法在内的做图表现形式的统一。

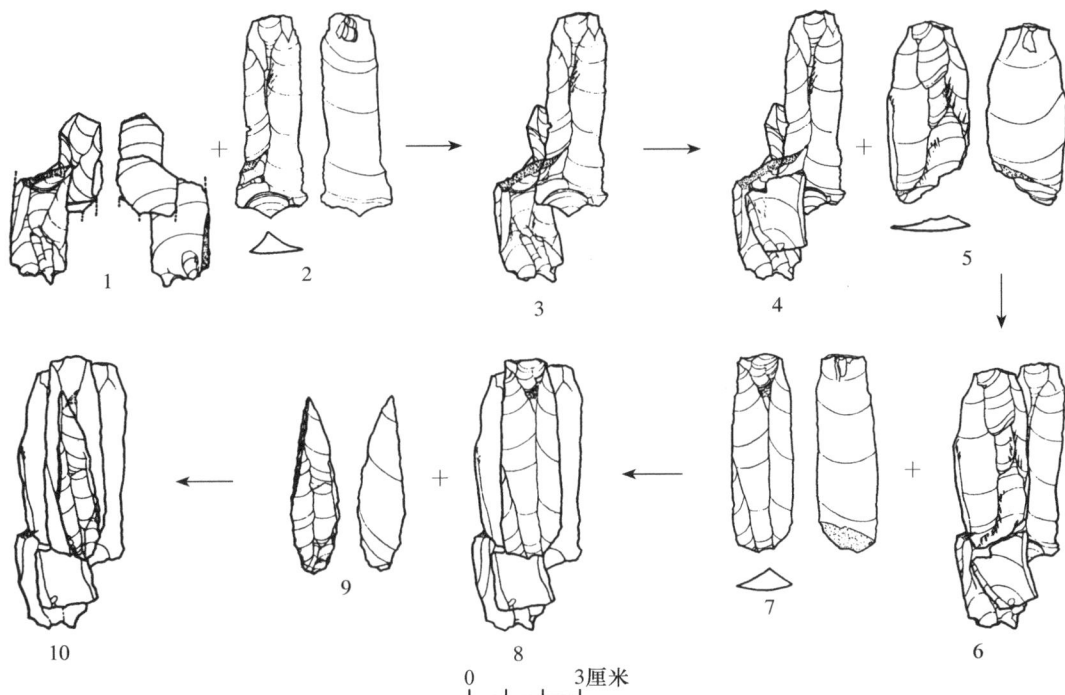

图12　砂川遗址的石器拼合图（户泽，1968）

1. 三件石片组成的拼合组　2. 细石叶　3. 组成的新拼合组　4. 拼合组　5. 石片　6. 新的拼合组　7. 细石叶
8. 新的拼合组　9. 刮削器　10. 最终的拼合组

大井提倡，投影法用正投影图第三角法，以实线绘制石器轮廓线，以点线相结合绘制同心波和放射线来与轮廓线相区别（大井，1966）。此外，滝泽浩也设计了一种布局方法，即不依照石制品的长轴，而是依照和原材料的关系变换各侧视图的位置（滝泽浩，1964）。

5. 月见野和野川遗址

20世纪60年代末至70年代之间的前陶器时代研究，体现在砂川遗址代表的技术性视角的扩大。砂川以后，神奈川县月见野、东京都野川等大型遗址纷纷出现，因为发掘面积与发掘层位的扩大，年代学框架以及聚落也逐渐开始得到讨论。另一方面，月见野和野川这两大遗址在石器实测图上呈现了不同的发展方向。

图13中两个遗址是对黑曜石质和黑曜石质以外的石器进行比较的实测图。月见野的实测图（明治大学考古学研究室·月见野遗址调查团，1969）在经过砂川遗址之后，有意识地排除石器个体差异的倾向变得愈加

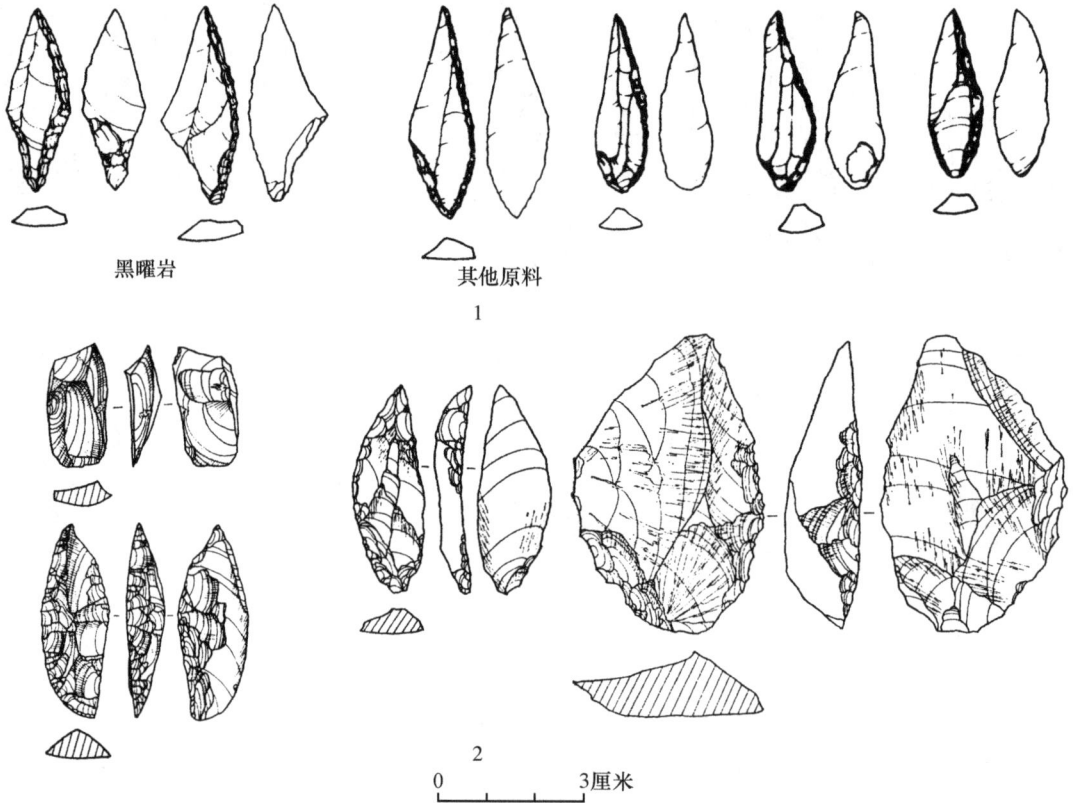

图13　石器实测图的类型化和个体差异

1. 月见野遗址（明治大学考古学研究室，1969）　2. 国际基督教大学院内Loc.28c（Kidder等，1970）

明确（图13-1）。正如前文所述，黑曜岩是观察剥片技术最好的原料之一，即便这样月见野遗址中的实测图依旧基本没有绘制放射线，同心波也是在最小限度中机械地排列着，其他原料的实测图亦是如此。虽然这样更容易观察，但反过来无论是剥片顺序还是剥片部位差异等信息均不能有效地读取。尽管时代不同，石料种类不尽相同，但所绘实测图却高度标准化，使人感觉石器组合间存在很大联系。由此可以窥见，这一时期刮削器类型学研究的影响之大。

　　虽然实测图是体现石器技术的主要媒介之一，但是石料和风化程度等都存在一定差异，完全舍弃石器实际存在的个体差异真的好吗？野川遗址为这个问题提供了一个答案（国际基督教大学院内 Loc.28）（Kidder·小山·小田·白石，1970）。图13-2是小田静夫绘制的石器实测图，小田的实测图虽为技术性的表述，也始终以石器个体差异为基础进行绘制。对于黑曜岩质石器，无论同心波还是放射线都采用了分布密集的实线绘制，但是绘制其他原料的石器则同心波略少一些，放射线也变成了虚线状。这是自岩宿遗址以来，针对黑曜岩和黑曜岩以外的原料遵循自然个体差异的结果。值得注意的是，同心波的半径、放射线的位置和疏密程度等同样根据剥片面的差异而绘制。

在某些情况下，也存在以石器类型来对应实测图的情况。但这是基础研究阶段的工作，与展示技术信息的实测图并不相称。另一方面，即便像小田那样努力在实测图中体现石器的个体差异，但原料和风化程度却皆是千差万别的，很难制定严格的绘制标准。世上不存在完全相同的石器。剥片后产生的同心波和放射线因部位和剥片的时间顺序的不同而有差异，即使采用同样的剥片技术，但原料不同，实测图上的表现方法也会各异。石器使用时产生的冲击力和磨耗也没有相同之处。个体差异是研究中不可或缺的一面，实测图追求的则是最大限度体现出个体差异的不同技术信息。

小田静夫奠定了20世纪70年代以后石器实测图的基础。纵然文字不详尽，但绘图却能雄辩地讲述故事。基于个体差异的实测图中既包含近代以来的写实主义，也包含松泽亚生工程制图内的一些要素。换言之，日本的石器实测图一直在向前发展。出土石器即便是细小的废片也不尽相同。重视石器组合的个体差异，原本需要通过研究者肉眼观察获取的技术特征被图像化了，这也是石器实测图不断发展的目标之一。然而，石器实测图至今已经过半世纪的发展，随着研究的深入，是否有值得重新审视的地方？笔者想在之后谈谈这个问题，以展望未来。

6. 侧视图的增加

首先，石器应描绘到何种程度呢？当然，随着研究的发展，也会产生更多应该追加的信息，所以直到现在石器实测图究竟需要精确到什么程度，尚不能确定，但可以确定的变化就是侧视图的增加。图14这张趋势表，就是通过从1959年的东京都茂吕遗址到1995年的埼玉县横田遗址共5个遗址的报告中进行选取，每10年取一件石器的侧视图数量而得出的。

岩宿遗址的石器实测图只有正、反两个面，而茂吕遗址中特别是画小型刮削器时，加上了一个侧视图，展示三个面（杉原等人，1959）。石器的侧面与作为毛坯使用的"石叶"有着直接关系，也需要展示。因为侧视图仅绘一张，故不管画了左右哪一侧都是放置在石器的正面、背面的中间。从1968年砂川遗址开始，增加了有石叶技术特征的横截面，四面视图（正面、背

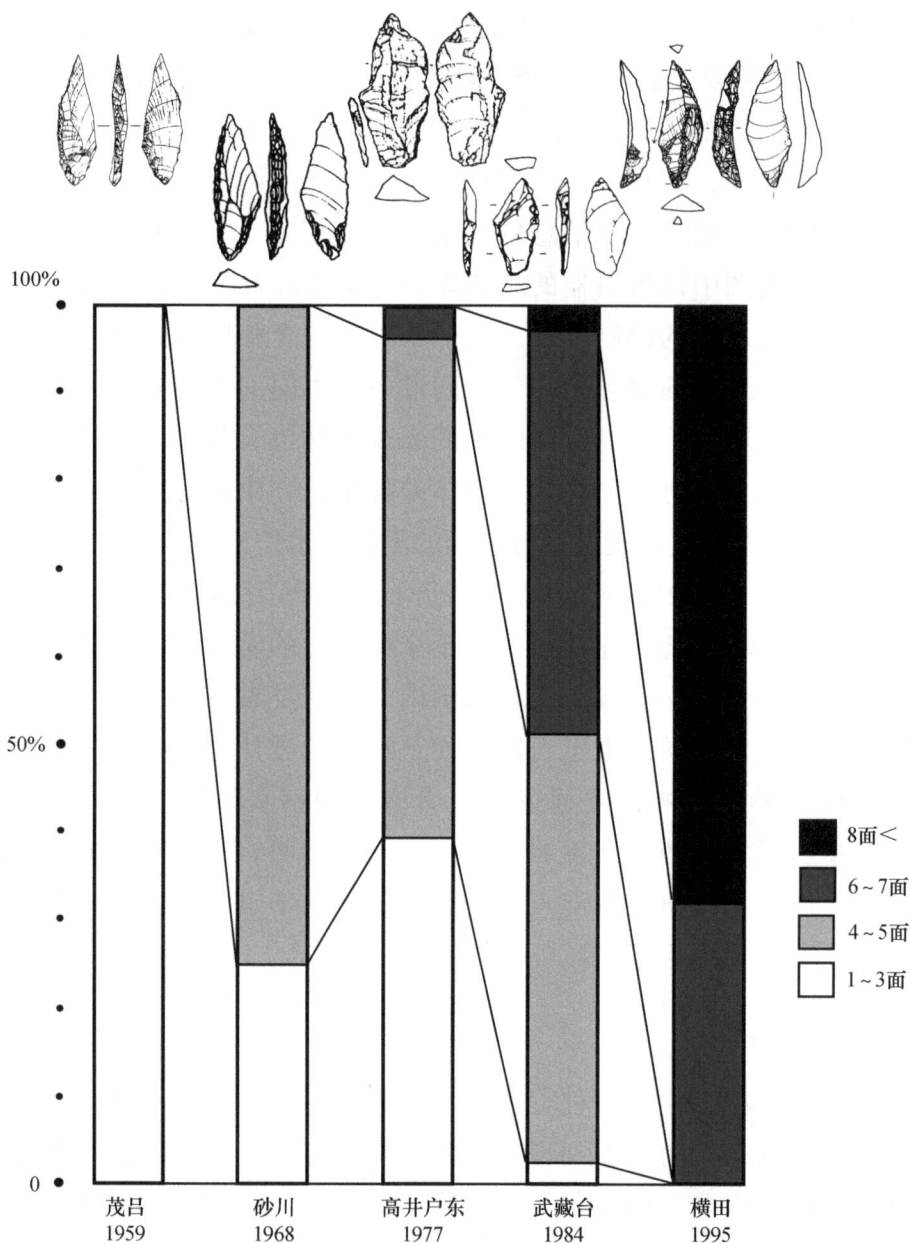

图14　实测图数量的变迁

面、一个侧面、一个横截面）构成了基本视图（户泽，1968）。因横截面主要选择最大宽的部分，所以往往没有指示线来显示其位置。

20世纪70年代以后，包括小田在内，实测图的发展方向主要集中在怎样将石器正、背面以外的信息表现出来。1977年的高井户东遗址在视图数量上和砂川大同小异，但根据石器种类的不同，所表现的部位也有所不同（高井

户东遗址调查会，1977）。这也体现出了石器实测图标准化的趋势。到1984
年的武藏台遗址时，实测图视图超过6个的石器数量达到了半数，有的甚至超
过了8个视图（都立府中医院内遗址调查会，1984）。侧视图的增加体现了研
究者试图提供最大限度信息的研究意识，与此同时，也意味着研究的视角扩
大到了更多细节部分。这与功能论和功利论试图从破损的痕迹中寻找某些规
律性的趋势不无关系。

　　20世纪80年代后半期，石器实测图主要绘制的范围有正面、背面、左侧
面、右侧面，再加上中央部附近的横截面，共计五面，组成了最基本的视图
组合。由此，也产生了描摹正面和背面、左侧面和右侧面外轮廓的其中之一
再将之反转的做法，这属于实测图绘制工作上的窍门。如果视图增加的话，
则有必要遵从一定的规则进行布局。就像大井曾经主张的那样，逐渐地引入
正投影图第三角法。进入20世纪80年代之后，出版的报告会首先在前面标注
出正投影图的布局图（加藤·鹤丸，1980）。

7. 辅助投影图·标记记号

　　对于刮削器和尖状器这样细长的石器，无论是从狭长的刃部还是从较宽的
剥片面，都需绘制。长石叶弯曲情况比较多，为了解这一点，横截面之外的纵
截面就变得重要了。另外，为研究石片角，表现获得剥片的效率，有必要从剥
片面提取出经过打击点的长轴形状。由此便加上了纵截面图。横截面图也不仅
是选取常规的中部横截面，从石器上部（端部）到下部（基部）各个部分皆有
提取，实测图的信息渐渐变得更为充实了。在1995年出版的横田遗址报告中，
五面以下的实测图消失了，正面、背面、两个侧面、三个横截面以及一个纵截
面共计八个视图，构成了实测图的基本表现模式（埼玉县埋藏文化财调查事业
团，1995b）。同时，基本表现模式所不能充分显示的地方，如雕刻器和刮削器
类的雕刻小面、刃部、劈裂面和修理加工的刃部等，都得到了添加补充，所以
也有许多实测图能增加到十个视图。有些实测图难以表现的痕迹，如修理刃的
边缘上残留的细微崩疤等，也一并用标记符号来表示。

　　到了20世纪80年代后半期，报告书的规格发生改变，占发掘调查半数的
行政调查报告也从B5扩大到A4规格。资料以原尺寸大小展示最为理想，但是
从容量和完成度上来说，并不现实。因为纸张规格的扩大，石器实测图的比
例尺也能从2∶3变成4∶5。小林行雄等人重视原尺寸大小，作为接近原尺寸

的石器实测图终于实现了。

8. 照片图像

笔者虽对实测图的历史进行了介绍，但实测图并不能传达实物的全部信息。最好的例子就是照片所体现出来的信息。实测图不是立体的，即便依照实体也未必能将其完整画出来。就立体感而言，实测图肯定是要稍逊于照片图像信息的表现。实测图和照片的特性本就不同，正因如此才有意义，这样的认识延续至今。但是，当今数码相机的介入引人瞩目，也依次出现了很多将高清图像转换成线条的软件。如果只需点击一下，就能简便处理成像实测图一样的话，制图的感觉便会如模拟操作之类，这样无疑是时代错误。而这个担忧正在成为现实。

需要强调的是，实测图的目的在于让研究者直接接触实物，从中获取最大信息并进行绘制，这亦是一种能力的训练。图像不过是其研究结果而已。使用最新技术合成的三维数据（早稻田大学综合人文科学研究中心，2016），也只是对了解图像和实测图区别的研究者来说，才是真正有效的。如果误解了这一点，只关注客观性和便利性的话，那么适合处理通过机器产生的海量数据的恐怕不应是人类，而是人工智能。

如今，日本国内每年会开展近万次的发掘调查，其中九成是因为基建工程而发生的抢救性调查和发掘。得益于保存记录的思维方式，遗迹在调查后就消失的现象不再发生。如果与没有留下的遗迹相比，发掘出土的遗物已在手中，所以理论上来说可多次进行图形化，但实际情况是，调查后完成或出版报告书时，只有少部分遗物得到了实测。从保护文物的角度来看，就是要保存记录并将其公之于众，公开的图像内容势必会受到质疑。

日本石器实测图从近代早期的贞幹和石亭开始，近现代有莫斯和云外。他们均亲自面对着实物绘图。由此自然而然地培养出来了对石器技术的问题意识。之后，经过受实物派考古学家Petrie熏陶的以滨田耕作为代表的京大学派的努力，日本考古学家在第二次世界大战后发现了前陶器时代。正是研究者亲自开展的石器实测研究，才产生了石器实测图必需的是技术表现而非阴影这一划时代变化。通过实际拿着石器进行实测的培养和训练，绘图者能够以一种新的问题意识来描绘石器。长达两世纪有余的日本石器实测图史，是逐渐认识到石器研究和实测乃一体的过程。

第二章 实用技术

一、石器实测图的原则

根据第一章的研究史，笔者尝试着对石器实测图的原则进行了总结。

第一，从技术的视角对打制和磨制形成的物理现象进行图像化。

第二，注意个体差异。

第三，使用辅助投影图以及标示记号。

第四，基本采用正投影图第三角法进行布局。

由于考古遗物并不像现代工业制品那样有严格的标准，所要传递的信息存在着个体差异。虽然视图的布局采用第三角投影法，但并不意味着可以涵盖所有信息。必须根据材料的实际情况，探讨传递信息的最佳方法。本书是对实测基本原则的阐释，希望读者可以通过自己的反复实践，将其进一步升华。接下来笔者会按照实测工作的先后顺序进行说明。

1. 各个面的名称

在讲解实用技术之前，首先要明确第三角投影法的基本视图布局和名称。投影法就是将三维的立体物体转换为二维的平面。有第一角和第三角，两者左右视图的位置不同。图15标注了第三角投影法的视图布局和名称。根据JIS标准（日本标准协会，1984），第三角法是日本工业制图的基础。图16是在此基础上绘制的石器实测图。各部分的布局和名称参见玩偶的图解（图16-1）和实测图（图16-2）。

图16-1和图16-2都是由各面视图和指示线构成，指示线显示了各视图关系。视图以汉字标注，指示线则以a-e的字母。正视图、后视图、上面、下面、左右侧面等六面为基本视图，纵截面、横截面和将特定部分单独提出的面称为"辅助投影图"。基本视图和辅助投影图必须以指示线相互关联。背面如果是剥片面的话，有时也叫"主剥片面"（Main flake surface）和"腹

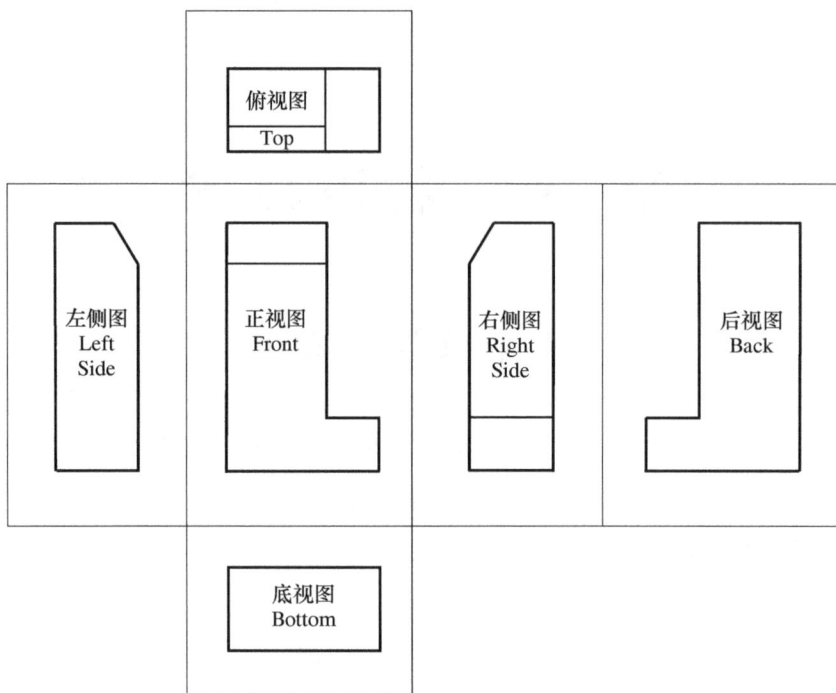

图15　正投影第三角法

面"（Ventral surface）。

正视图水平方向的指示线a，把从这条线上环切取出的形状放置在横截面a的位置。指示线b的功能是确定各个面的布局，被称作"基准指示线"。此外，a的横截面置于上面的上部，b、c的横截面分别放置在下面的下部。正面标注的指示线d，并非表示截面，而是表示整个物体上、下面的关系。在这种情况，若以石核为例，可只提取出剥片面进行绘制。这是考古学研究的独特之处，单纯工业制图的规则没有涉及这种问题。背面的垂直方向指示线e与纵截面e关联。横截面、纵截面视图的方向，均以第三角制投影法为准。

贯穿基本视图的指示线b表示图像化的正面、背面、左右侧面是一个绘图对象的投影。现在也有实测图只将指示线放在正视图和左右侧视图之间，但若如此，当所绘的侧视图增加，在一页上排版多个视图时，则难以理解各个面的归属。在过去的实测图中，当包含多个面的视图时，各面之间依旧只通过b那样的基准线连接。从易于理解的角度来看，笔者建议也加上一条线。

2. 片疤的名称

接下来介绍剥片和修理时所产生片疤的名称。图17展示了一个保留所有

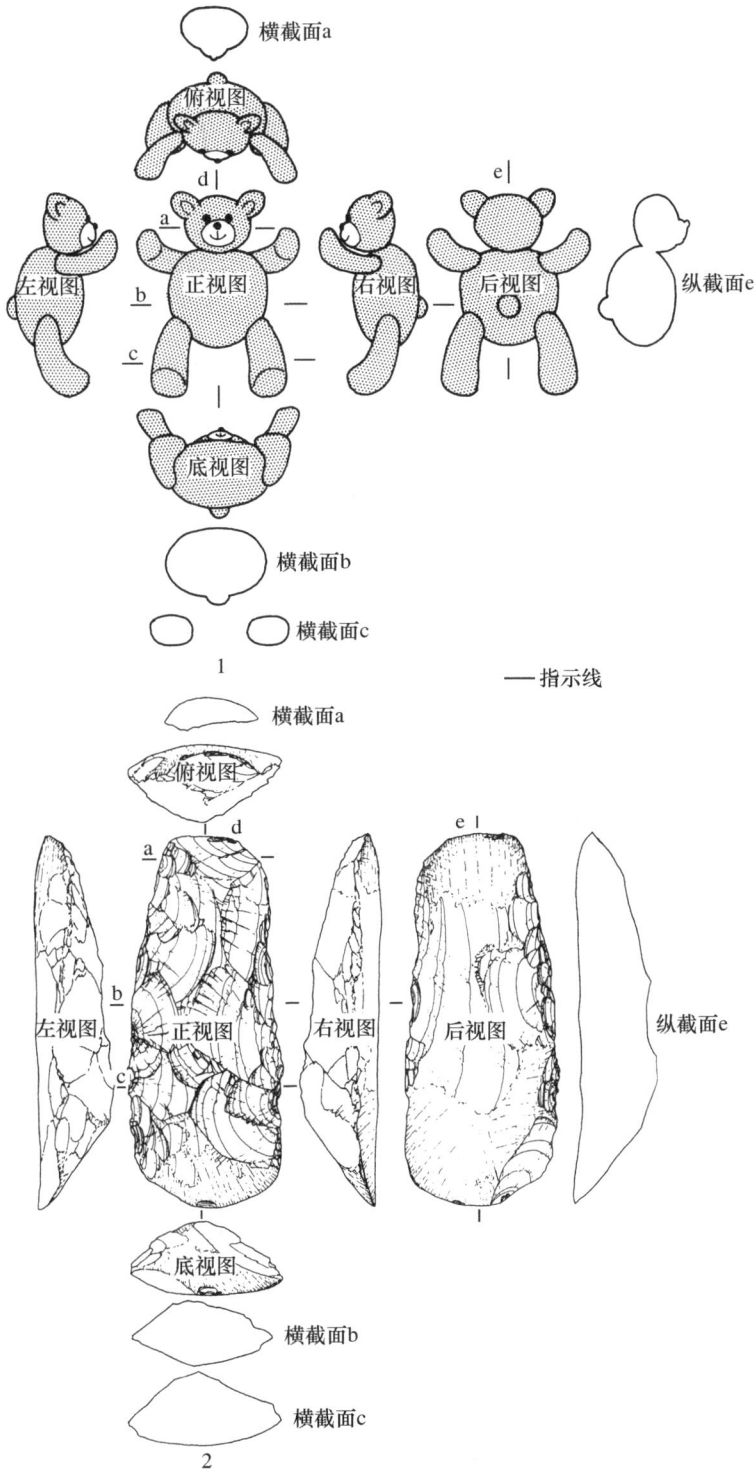

图16 各侧视图的布局

1. 以玩偶为例展现的多视图名称和布局（a—e. 基准指示线）   2. 以石器为例展现的多视图名称和布局

（a—e. 基准指示线）

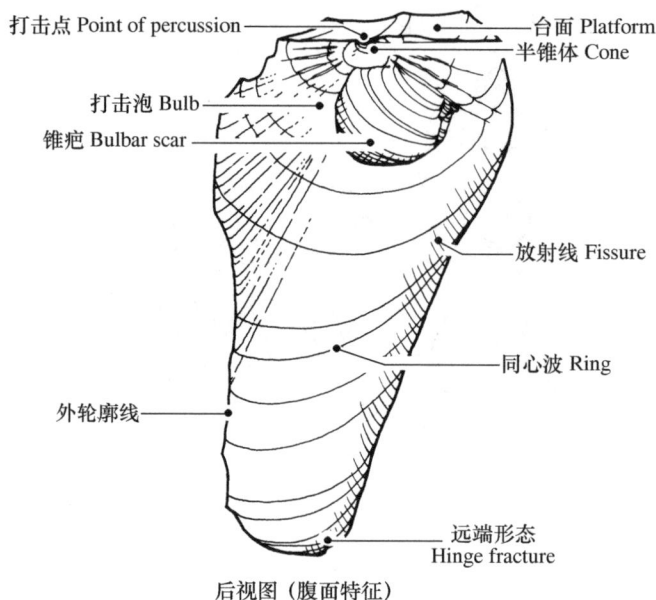

后视图（腹面特征）

图17　石片劈裂面上的特征术语

特征的完整"背面（主要剥片面、腹面）"。

　　首先，最上方是石核受打击的面，为"台面（Platform）"。对台面施加击打动作时，从顶点的"打击点（Point of percussion）"产生"半锥体（Cone）"，力一边呈波状传播，一边向着远端形成了放射线。半锥体下部一般会出现名为"打击泡（Bulb）"的凸起及"锥疤（Bulbar scar）"。打击力的方向可以通过波状起伏的"同心波（Ring）"来追踪。同心波的直径越靠近打击点越小，越向远端越大。这个原则要时常记在心。与同心波大致呈垂直相交、主要在剥片边缘会发现的明显线状裂纹是"放射线（Fissure）"。剥片一边产生同心波和放射线，一边将打击力传达至最后的远端来剥离石片。石片远端多产生阶梯状、铰链状（hinge）的片疤终端（hinge fracture）。这种痕迹是片疤终端位置的指标。由一次剥片而分离的石片的外缘，是原本石核剥片面和石器本体共同的轮廓线。

二、从外形到轮廓线

1. 实测用具

接下来可以尝试进行绘图。制图主要有两个步骤：绘制底图和在原图基础上摹写、上墨的墨线图。

首先图18展示了绘制底图的用具。底图用纸是B5或A4尺寸的肯特纸和米格纸（①）。笔者在摹写时使用的是没有边框妨碍的肯特纸。引基准线的三角尺两个（②），依照部位不同分别使用的2H、3H等硬度不同的铅笔两三种（③），两脚规一把（④），10倍倍率的放大镜一个（⑤）。⑥为绘制截面所需的仿形器，虽是在市面零售的商品，但也能用身边的材料简单地制作。首先，在一块宽约2厘米宽的板上无缝排列100根左右的棉针，以便对应约10厘米的长度。然后，用另一个板子夹住它们，两端用胶带和橡皮筋固定。也可以用一次性筷子做板子。为防止落针，可在针与板子之间铺上布垫。可先对其进行暂时固定，再一边调整针头，一边最终固定。除此之外，还需要准备橡皮、小刀或裁纸刀、将石器固定在纸上所用的橡皮泥或黏土、摹写用的硫酸纸、短三

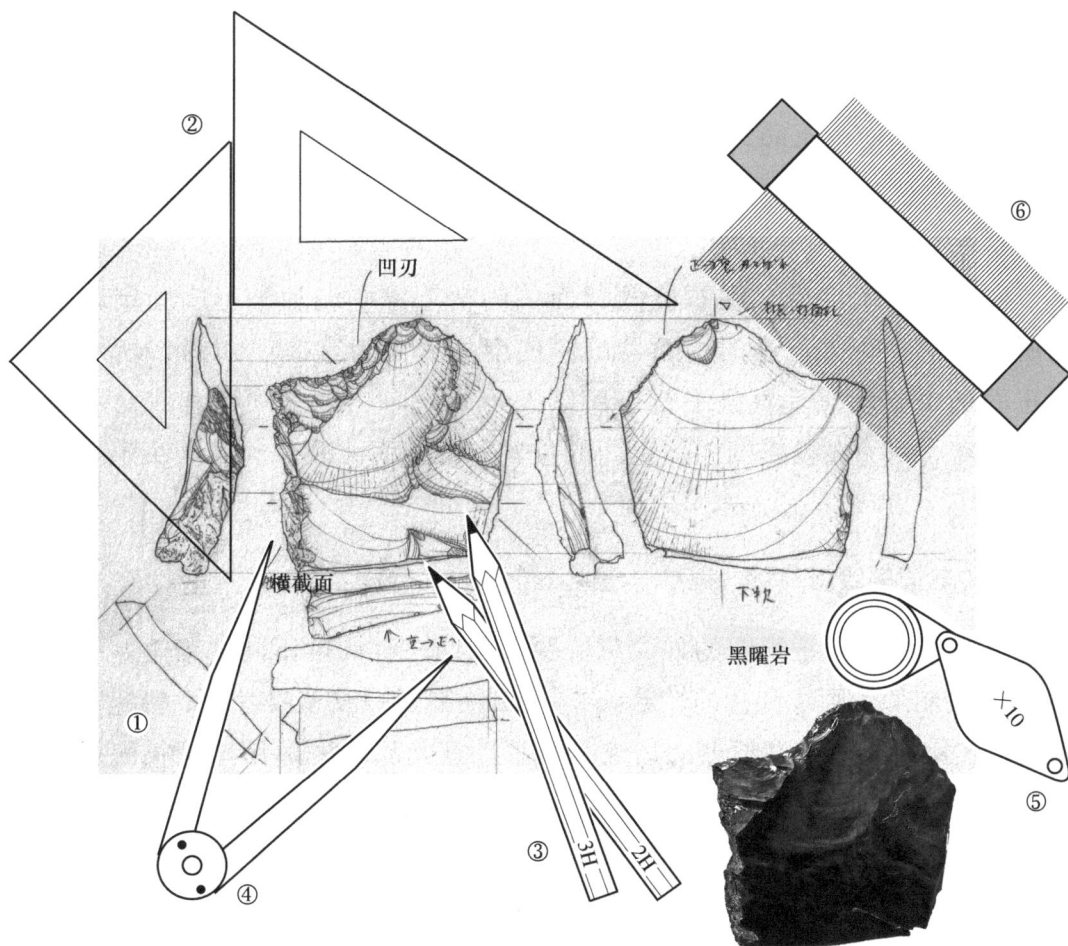

图18　绘制底图的用具

角尺等。

摹写的时候，除上述的硫酸纸外，还需要三种粗细的G笔或圆笔笔尖和黑色的制图墨水。此外，也有红环（品牌名称）针管笔代替G笔或圆笔蘸水笔的情况。摹写修正时还需用到白色修正液或磨砂橡皮擦、便于剥离的胶带，以及研磨笔尖用的油石或砂纸等。这些用具与一个世纪前Petrie和滨田耕作所用的并没有什么不同。

2. 放置方法

首先，怎样在纸上放置石器这个问题，看似简单，实则困难。实测的石器究竟是什么类型的工具？坦白地说，只有制作它的古人类才能真正地知道。因此很难制定较为统一的放置规则。常规情况下，如果是两面加工石器，例如尖状器，则加工完整的面或凸面作为正面放置。保留自然面较多的工具可把此面当做正面，这是因为毛坯的石皮侧这边是凸面，完整的加工也多。细长的工具以中心的长轴立放，石斧和刮削器类则将刃部放在下面。剥片和剥片面保留得多的石器把主要剥片面·腹面侧作为背面，放置时将打击点方向朝上，将打面的两端置于水平位置。个别案例见本书结尾的石器实测图汇编。

视图布局确定后，在石器的背面一侧粘上橡皮泥和黏土，固定在正面图所在纸的左半部。这时，石器的倾向度显得尤为重要。如图19所示，石器正面的中心轴应垂直且平行于用纸。与此同时，也必须留意侧面和背面的倾斜度。因为在投影图中，正面的位置和其他面相联系，共同决定着实测图的一切。

3. 外轮廓的绘制

首先，绘制出正视图的外轮廓。要准备两三种硬度不同的铅笔。笔者习惯用2H绘制外轮廓线和片疤轮廓线，用3H绘制同心波和放射线。铅笔需用小刀将笔尖磨尖。一边在石器的边缘垂直移动三角尺，一边用铅笔将测点落在纸面上（图20-1）。测点的间隔因石器类型不同而异，但测点分布得过密就难以再现边缘，过疏则轮廓会比实体更平滑。因为实测图最终是用线条来表现的，所以要根据实际对象，注意线图的测点位置和间隔。

将剥片的轮廓线和凹凸程度明显的部分定为特征点，并做上胡子式短线

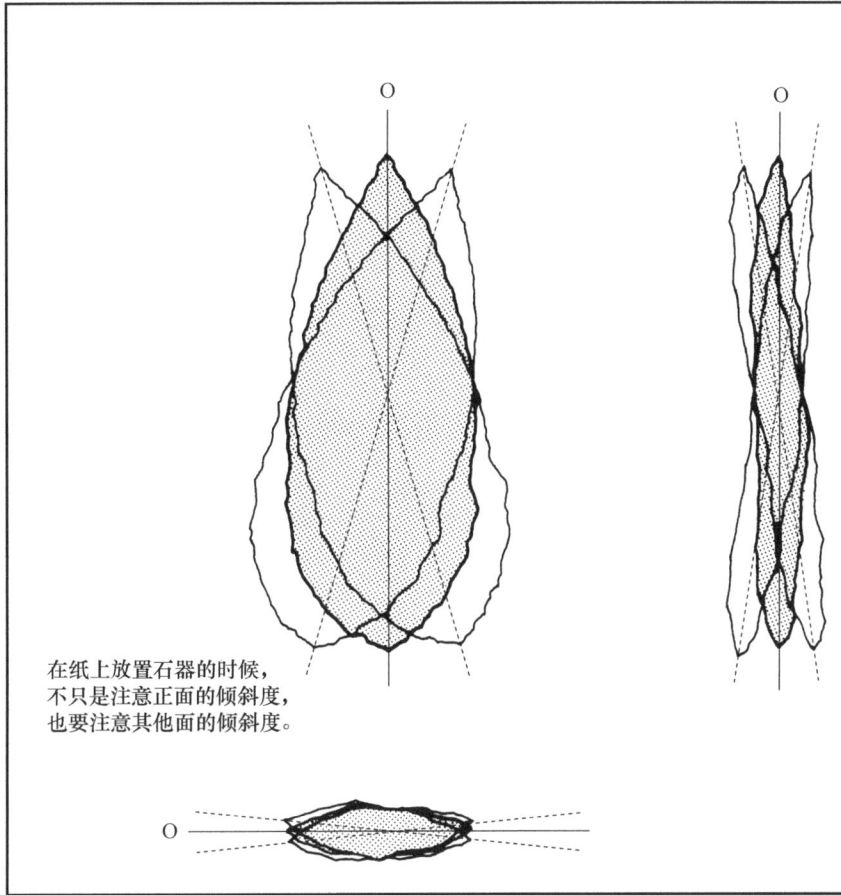

在纸上放置石器的时候，
不只是注意正面的倾斜度，
也要注意其他面的倾斜度。

图19　石器绘制前的放置方法

的标记（图20-1）。这样的胡子式短线在之后绘制轮廓线或对其侧面的时候都很有用。渐渐习惯之后，绘者只用左右任一边的"惯用眼睛"，在与目标石器的边缘始终垂直的位置上，一边移动眼睛一边落下测点。如果只在确认和修正过程中使用规尺类的话，操作时间可以缩短（图20-2）。

定完一圈测点后，也必须始终将石器放在原处，一边用实物确认外轮廓的凹凸，一边连线。线条需要绘制清楚。应该注意细节部分的加工。同一时期的石器中有像图21-1那样一侧边缘有意地加工成锯齿状的，也有如图21-2那样将刃缘加工成平滑的情况。工具类型不同，加工程度也不同。绘图者必须认识到这种微妙的差异，并在图中反映。

外轮廓如果有1毫米的偏差，则带给人的直观印象就会有很大差距。石器越是小型，带来的偏差就越大。另外，不管是在绘制底稿还是摹写时，一旦通过绘图工具绘制，石器锋利的边缘就无论如何也会变得略微圆润。绘图

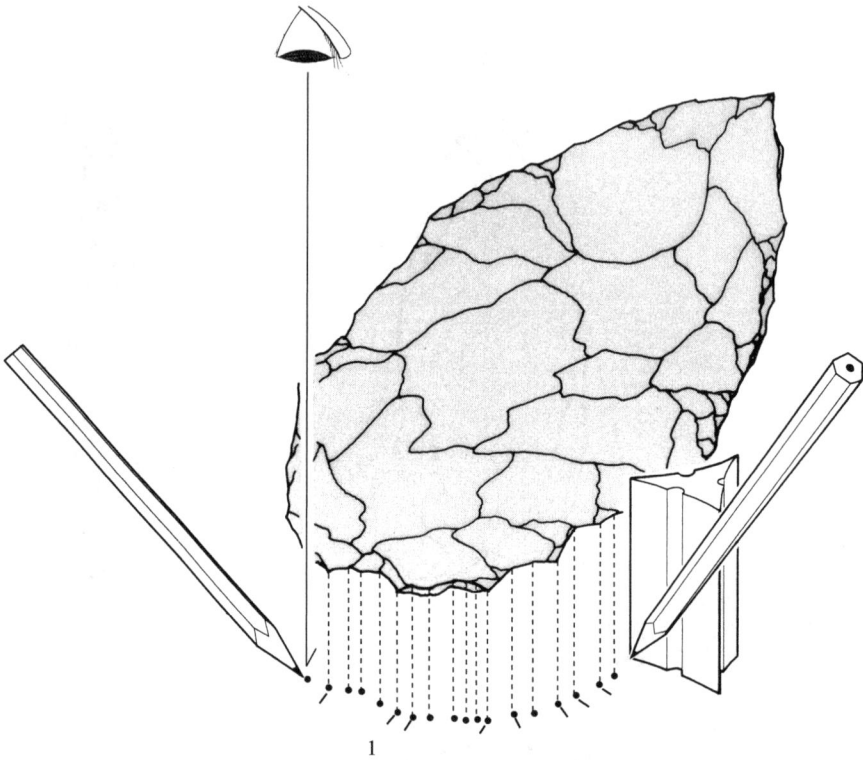

外轮廓的绘制：在纸上垂直立放三角尺，
　　　　　　以肉眼沿着石器的外轮廓，
　　　　　　边垂直地移动边描点。
　　　　　　有特征的部位做上标记，
　　　　　　便于日后观测工作的进行。

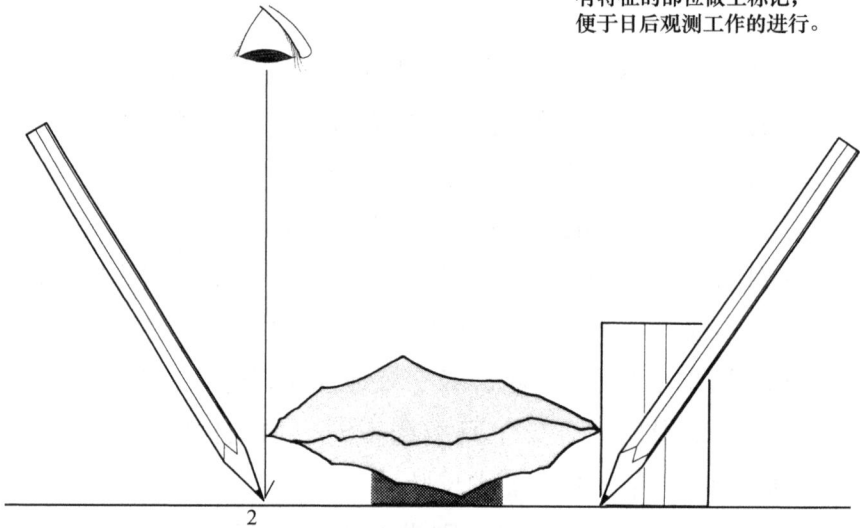

图20　外轮廓的绘制

1. 移动三角板确定特征点并绘制轮廓线　2. 落在纸上的特征点须始终与石器轮廓线上特征点处于正投影状态

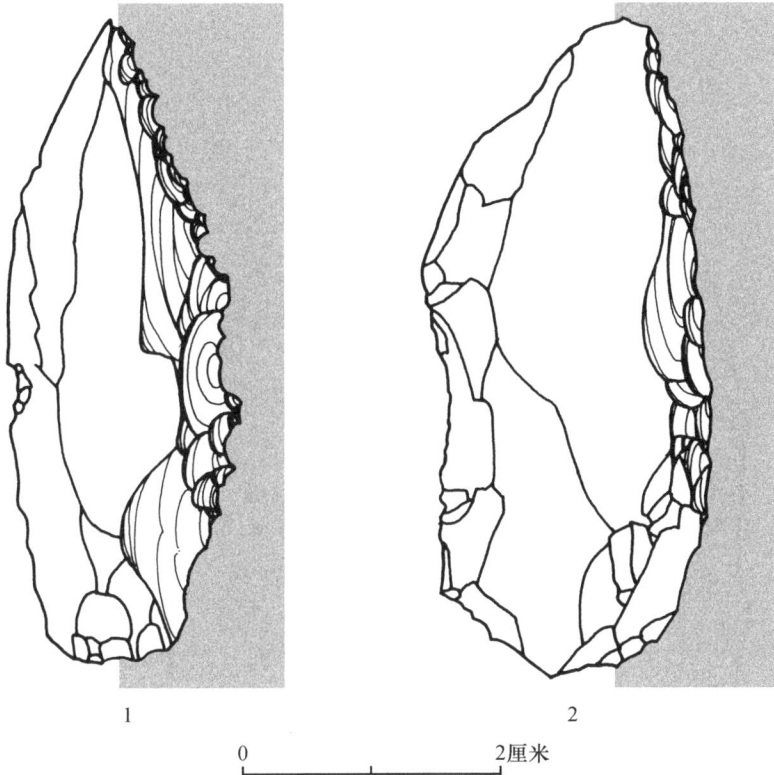

图21　器物刃缘加工痕迹的区别

1. 锯齿刃加工　2. 琢背小刀近端二次加工进行钝化处理琢背小刀（埼玉·殿山遗址）

者最好在绘制中有意识地强调边缘。

4. 绘制疤痕的轮廓线

绘制完外轮廓之后，就开始绘制石片疤的轮廓线。由打击产生的片疤轮廓线，是重要痕迹，可以显示相邻剥片的时间差。同心波和放射线也是这个剥离内的现象，单凭准确的轮廓线就能分辨剥片的顺序。

选择两个及以上的剥离痕交汇且有特征的部位，将两脚规的一侧与测点（A）接触，另一侧放在外缘的特征部位（图22-1）。外缘与测点（A）平行，用三角尺等辅助使针尖悬空（2）。必须用两脚规从石器外缘的几个测点再次确认A的位置。和绘制外轮廓一样，如果习惯了目测的话，规尺类可以只用于确认检查。就这样，一边标记测点，一边用铅笔连线。反复进行这个操作，轮廓线就完成了。如果在这一阶段将表示剥片顺序的记号（〇-）标记在主要的轮廓线上，之后的工作就会更加方便（松泽，1959）。

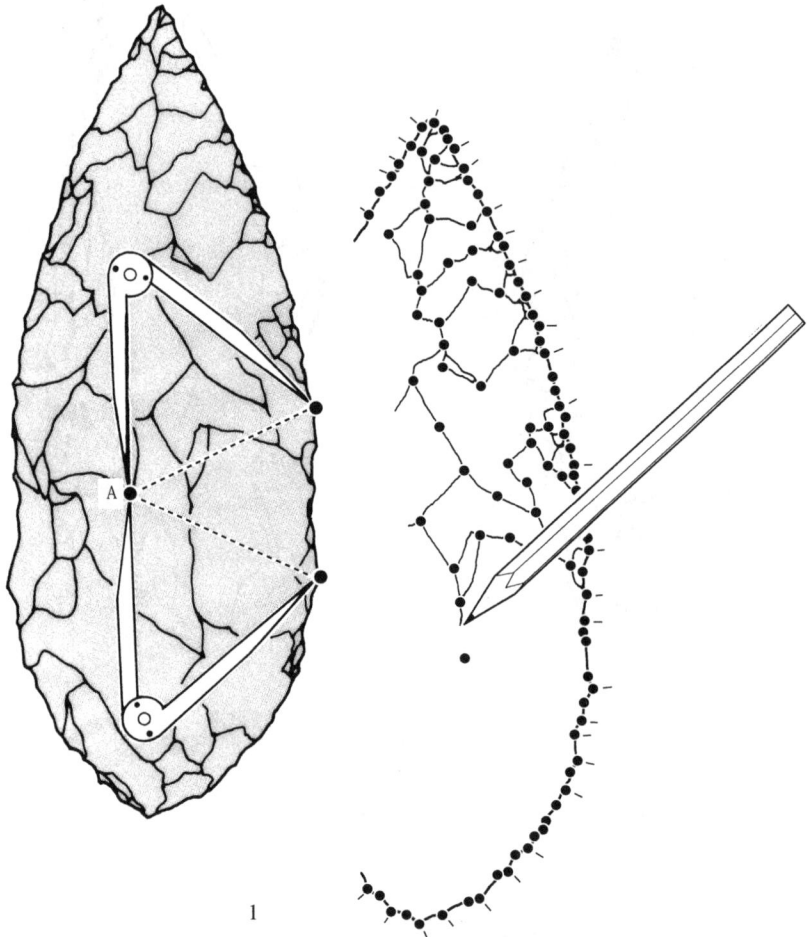

1

圆规的一侧放在测点（A）上，
另一侧对着三角定规垂直放在
和外轮廓的测点处于同一水平的位置上。
测点（A）从外轮廓的两个方向来测，
再次确认并做记号。

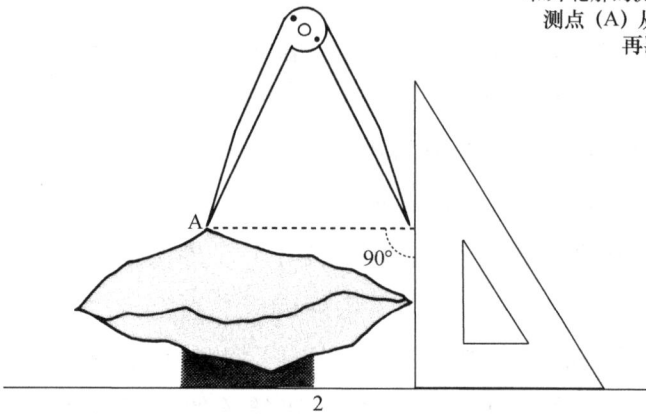

90°

2

图22　特征点及片疤轮廓线的绘制
1.利用直角规绘制特征点部位　2.直角规和三角板相互配合绘制特征点（A.特征点测点）

三、从同心波和放射线到摹写

1. 同心波和放射线的绘制原则

轮廓线绘制完成后，就到了同心波和放射线的绘制。以作图的原则出发，应再次确认物理现象的发生原理。

石锤一旦以小的接触面（打击点）向石核中央击打，龟裂就向内部扩张，呈钝角的圆锥体被剥离下来（图23-1）。这个圆锥体以发现者的名字命名为"赫兹锥"。在制造石器的过程中，通常都对石核和石器的边缘进行打击。打击在台面上产生的力像波浪一样传播，并产生"半锥体"（图23-2）。半锥体最初在打击点正下方沿着石核剥片方向扩张，然后被推回，由此产生锥疤。之后，继续沿剥片方向向石核内部扩张，当它最终从石核上剥离时，片疤终端呈铰链状或阶梯状。石器的主要剥片面（背面或腹面）为阳性痕迹，石核上则留下了与其相反的阴性痕迹。在明白半锥体产生的过程后，便可以把观察到的力学现象用线条来为表现。

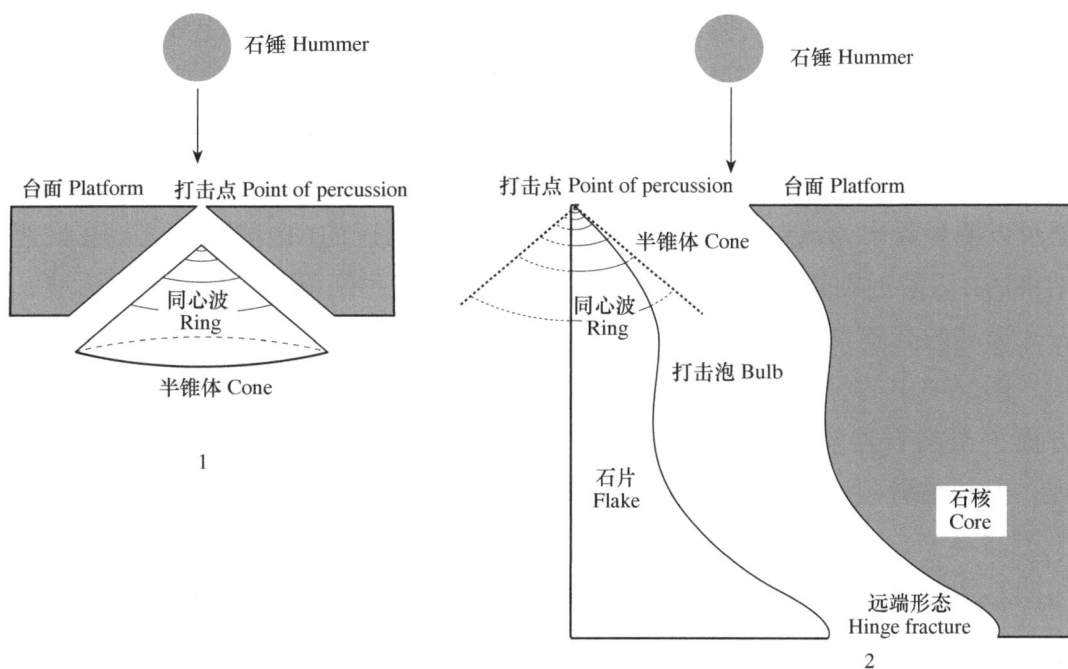

石锤 Hummer

石锤 Hummer

台面 Platform　　打击点 Point of percussion

打击点 Point of percussion　　台面 Platform

同心波 Ring

半锥体 Cone

半锥体 Cone

同心波 Ring

打击泡 Bulb

石片 Flake

石核 Core

远端形态 Hinge fracture

1

2

图23　剥片打击的原理

1. 赫兹破裂　2. 弯曲破裂

现在我们试着从平面来看，向水面投石的话，波纹会逐渐从下落点呈同心圆状扩张（图24-1）。离下落点越近，冲击大越大，波纹的直径越小，波纹在平面上产生的高差也越大。而离下落点较远处，就变成了大直径和小高差的波纹。让我们将这些与在半锥体上观察到的现象重叠起来，尝试以同心波和放射线来体现力的传导。

图24-2所示，半锥体首先从打击点下以小直径的同心波开始扩张。打击的力度和石料的物理状态可能会导致裂纹和变形，从而产生了锥疤。半锥体和锥疤是剥片的重要证据，也是绘图中首先应该注意的特征点。此外，越远离半锥体，同心波的凹凸程度越低，半径也逐渐变大。而与扩张的同心波直角交叉的线是放射线。如果绘制半锥体上同心波正投影的话，垂直向交的放射线也应画成弧形。

那么，应该以怎样的间隔来绘制同心波的波纹呢？这同样没有明确的标准。因为同心波是打击力传递时在剥离面产生的不规则面，所以同心波的位置亦是不规则的。如果把剥离面看做半锥体导致的山坡的话，可以将地形图的等高线作为一个基准。如图25-1所示，把高差以线条在平面上表示的话，可看出从山的顶点开始逐渐地倾斜（A），落差变大则间隔变窄（B），坡度减小则稍稍变宽（C），坡面继续平缓化的话，线的间隔也随之变宽（D）。这些表现形式均可尝试实际应用于石器绘图上。

图25-2为黑曜岩石片劈裂面照片。展示了从打击点沿箭头方向进行剥离的面。图25-3以1毫米单位的等高线展示劈裂面的高差。虽然等高线起伏复杂，但可以明显看出，从台面处的打击点开始到锥疤附近的A区间隔较宽，在锥疤结束的B区附近则暂时变密，在C区附近坡度恢复，间隔宽的D区延续缓坡，石片远端的高差大，等高线也最密集。

图25-3中的等高线也可以最大限度反映出石器原料对剥片的影响。另一方面，虽然石器实测图提取石器上保留的技术特征，并用同心波等进行表现，但却被劈裂面的凹凸所困扰。因此有必要把同心波和劈裂面整合在一起（图25-4）。同心波一般与劈裂面的不规则性相伴，但不一定完全匹配。因为同心波很多时候不能完全再现劈裂面的起伏，而是作为打击现象来重新看待。半锥体的同心波从直径最小的打击点开始，通过A到C之间同心波的间隔宽窄表现出锥疤以及弯曲程度。D区较为平缓，同心波间隔较宽，其远端产生铰链状片疤终端（hinge fracture），与等高线类似，同心波线也变得密集。

力像水波一样扩散。这个水波
类似同心波。离打点越近波纹的径越小，
越远波纹的径越大。

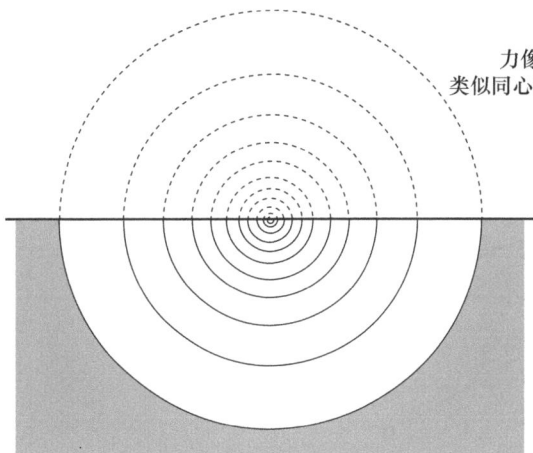

1

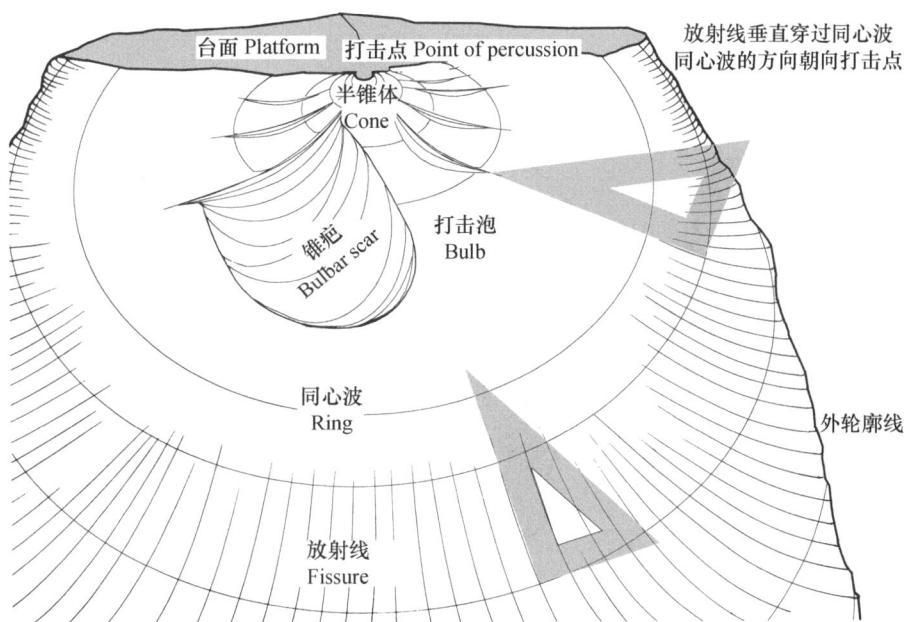

2

图24 同心波和放射线产生的原理及表现形式

1.同心波的扩散 2.石片疤

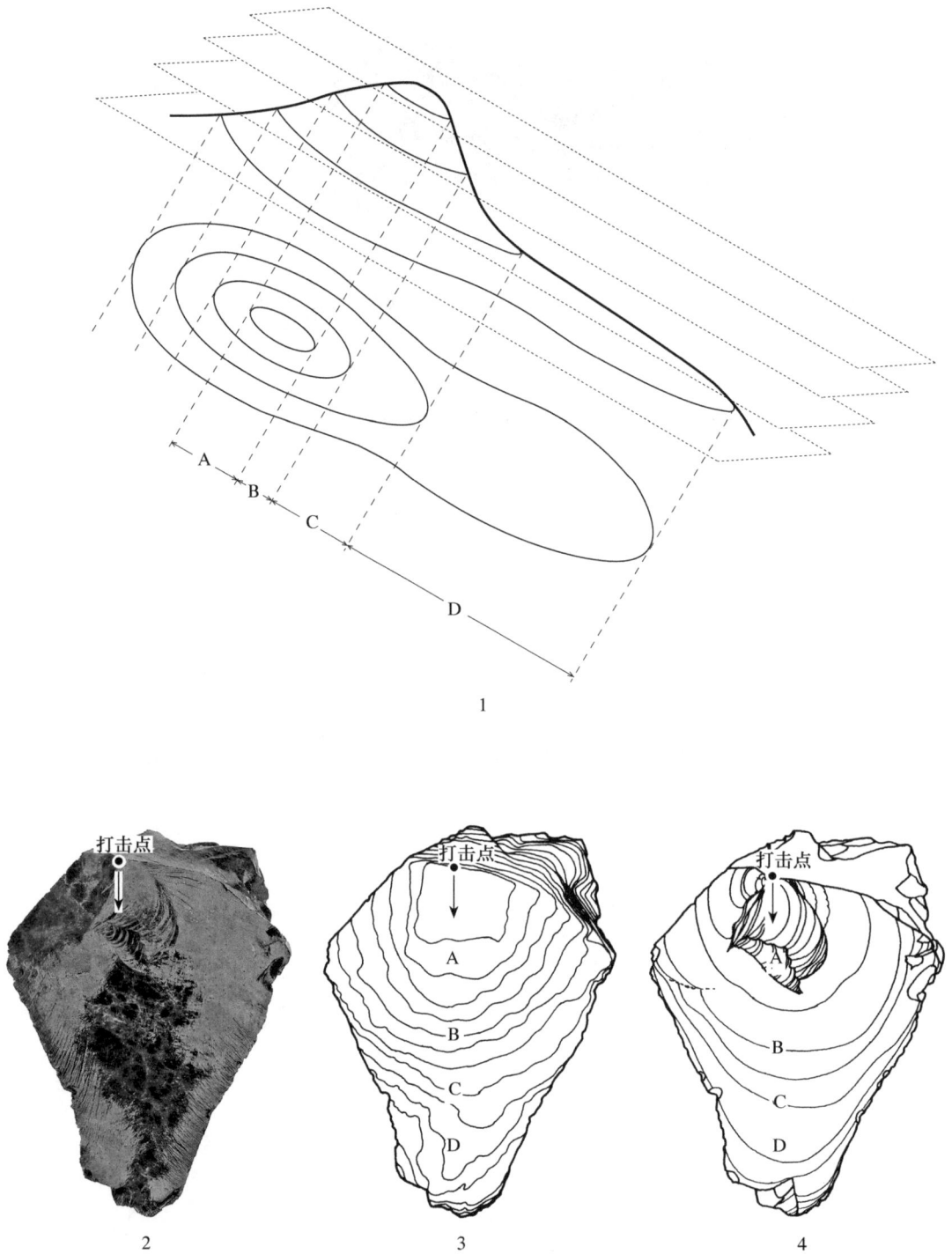

图25　利用同心波表现石片劈裂面的凹凸感
1. 等高线　2. 石器照片　3. 腹面凹凸（1毫米等高线）　4. 同心波的形成

等高线所体现原料的个体差异，以同心波的形式在一定程度上被反映出来。由等高线替换为同心波线时，线的数量通常会减少。这之中没有严密的规则性，劈裂面凹凸的表现变为从打击力传递的角度来取舍的同心波线。

2. 打击方向的确定

对于没有经验的石器实测者而言，石料、风化程度以及理解劈裂面上不同部位的同心波和放射线都是困扰。

同心波和放射线作为打击后产生的现象，无论材质如何，都应由打击点向整个面延伸。即使难以看清，若就真的在线图中以空白表示，对于没看到实物资料的读者来说就缺少了更加直观的认识。绘图者必须将之从残留的现象中观察出来，并在图中表现。

由于光线变化的原因，有时难以看到同心波和放射线，所以首先应从各个方向观察石器。一般来说，与同心波相比，放射线更加密集。如果能找到放射线，就可以以此推算出同心波的位置。

由于同心波与放射线呈直角交叉，因此，如图26-1中所示，同心波只限定在A或B这两个方向。而且，如图26-2所示，放射线向一个方向汇聚的话，同心波只能出现于打击点所在的A方向。此外，如果连上与放射线正交的线，某种程度也可以判断同心波的径。依据打击点的距离和特征，可以得出从锥疤到远端的区域。下面让我们通过实际标本来对比。

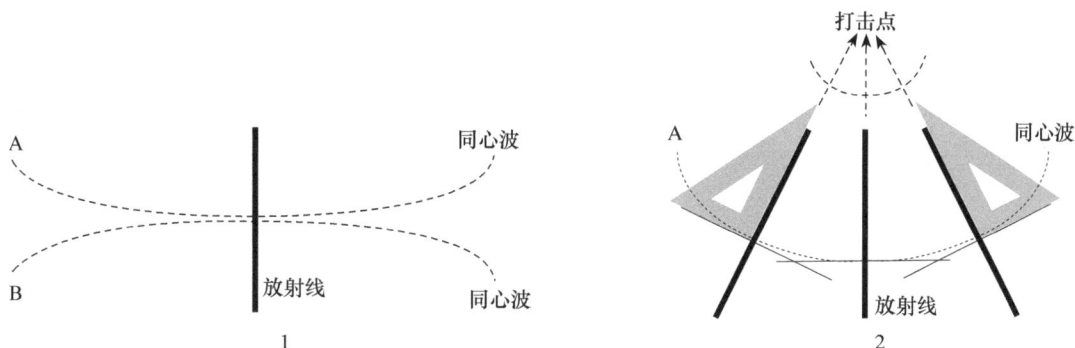

图26　同心波方向的把握
1.同心波相对于放射线是双向的　　2.放射线穿过同心波指向打击点

图27-1是日本东北地区发现的硬质页岩石器主要剥离面的照片。石器表面存在一定程度的风化，如果和黑曜岩相比，很难找到同心波和放射线。图

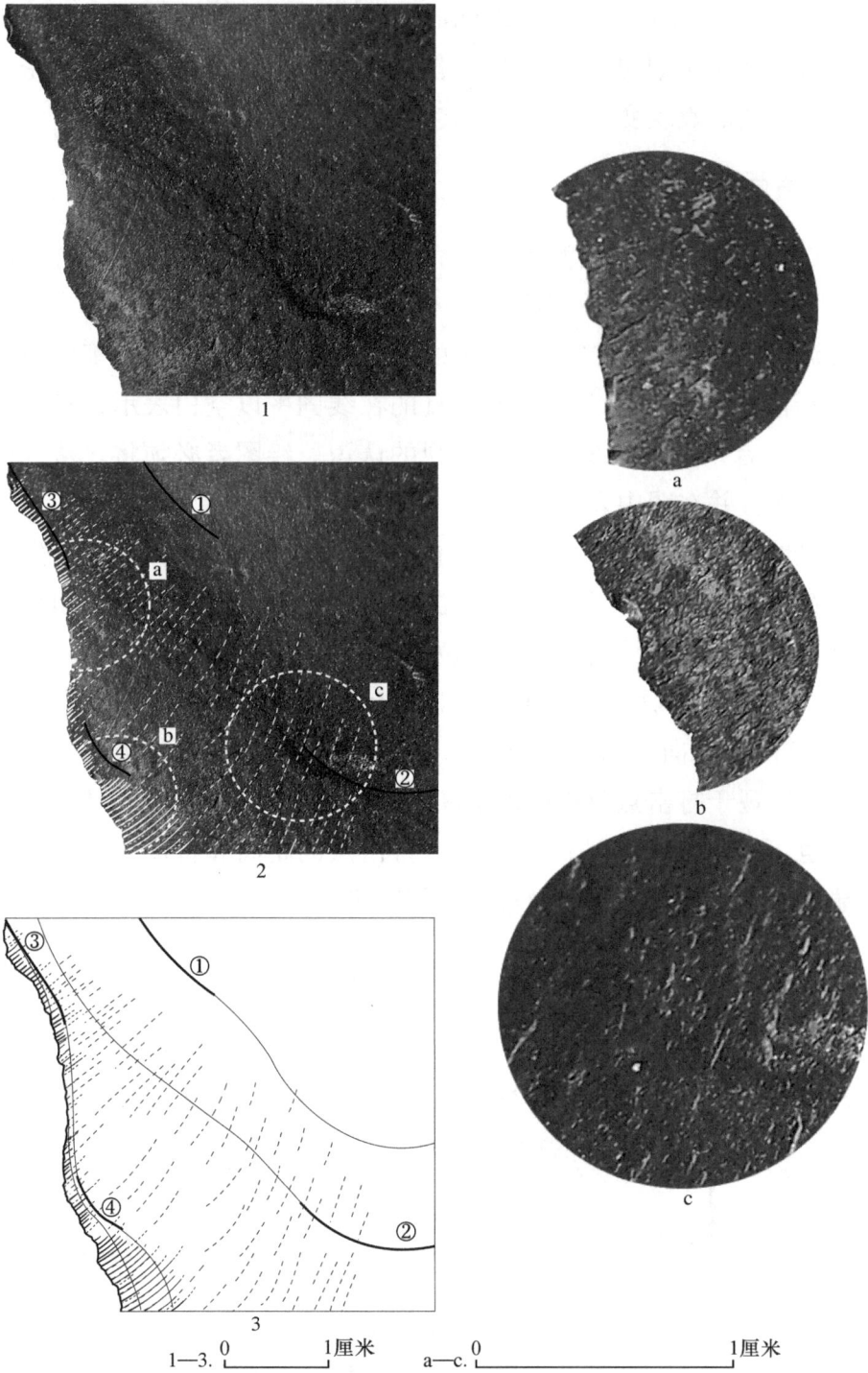

图27　同心波的绘制

1.页岩质石器片状毛坯的劈裂面　2.片状毛坯劈裂面上观察到的同心波（①—④所示的黑线表示高差明显的同心波，a—c所示的白色圆圈代表片状毛坯劈裂面上观察到的放射线）　3.片状毛坯劈裂面上观察到的与放射线正交的同心波（①—②区表示同心波的间隔扩大，③—④区反映同心波间隔变窄）

27-2中的黑线①—④是可以辨识出的高差比较明显的同心波部分。很明显，弧的内侧有打击方向，但是断断续续，并不完整，放射线补充了它。如图中的白线所示，可以识别出和剥片面呈不规则正交的、较细的放射线。如果放大a—c圆形范围的话，a、b的最外侧有与铰链状片疤终端相对应的、较短且密集的放射线。另一方面，在腹部的c区上可以辨认出稍长的、断断续续的放射线。图27-3显示了与放射线正交的同心波，放射线在①—④处中断。剥片面凹凸起伏，腹部的①—②区同心波的间隔扩大，远端的③—④反映同心波间隔变窄，显示出铰链状片疤终端的特征。

　　无论同心波还是放射线，都是在整个剥片面复杂展开的。但是，如等高线和同心波之间的关系所述，在图像化时，要着眼于打制的技术信息，根据石器个体差异和整体特征之间的平衡，对线条进行增强或削弱。

　　图28就显示了按上述步骤进行绘制工序。图28-1的轮廓线要留意外轮廓边缘的特征点和剥离痕的细微形状变化。图28-2体现了同心波从打击点到石片远端的状态，图28-3中的放射线与同心波相交。放射线越在远端越显著，越接近打击点越变得模糊，难以看清，这在一定程度上指示了打击点的位置。因此，绘制底图也好，摹写墨线图也好，绘者应意识到放射线的这一特性，在由石片远段到打击点落笔时，力量应逐渐减弱（图29）。

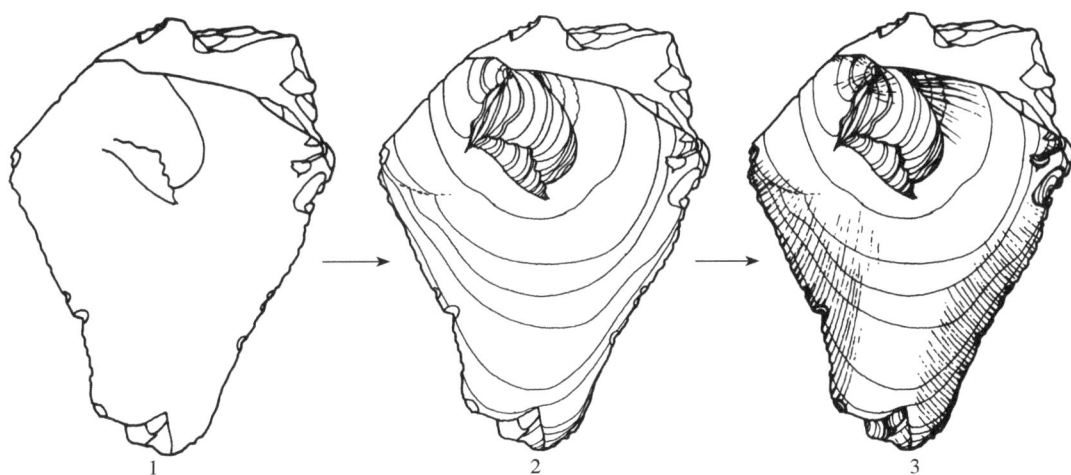

图28　石片轮廓线、波纹及同心波的绘制
1.轮廓线　2.同心波　3.放射线

　　不仅在石器上可以观察到同心波和放射线，在切开厚厚的巧克力和芝士时，也可以观察到，这是施加给物体压力后会产生的物理现象。不过，体现

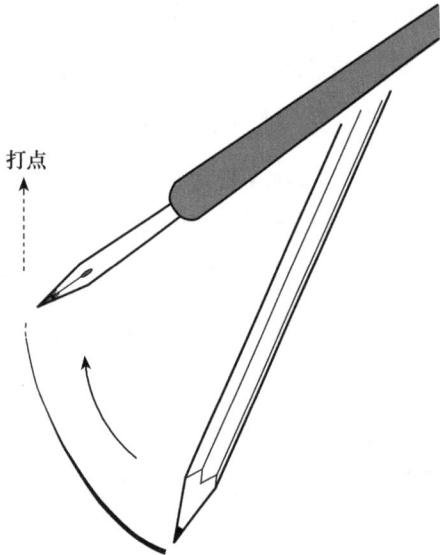

图29 剥片受力方向示意图

得最明显的还是玻璃。因此，在众多石料中，也只有以"天然玻璃"著称的黑曜岩，才是了解剥片和修理痕迹详细技术信息的最佳选择。最好一边反复实测黑曜岩质石器，一边学习剥片和修理所产生的基础特征，进而慢慢掌握会产生相同现象的其他原料。积累的经验越多，在判断其技术特征时，便会越不受石料的限制。

3. 剥片的时间差

基于一个剥片疤的特征和图像化的原则，我们现在介绍绘制多个剥片疤时的操作。两个或两个以上的剥片疤相交时，就涉及了剥片的时间差。图30展示如何通过同心波和放射线的绘制来体现时

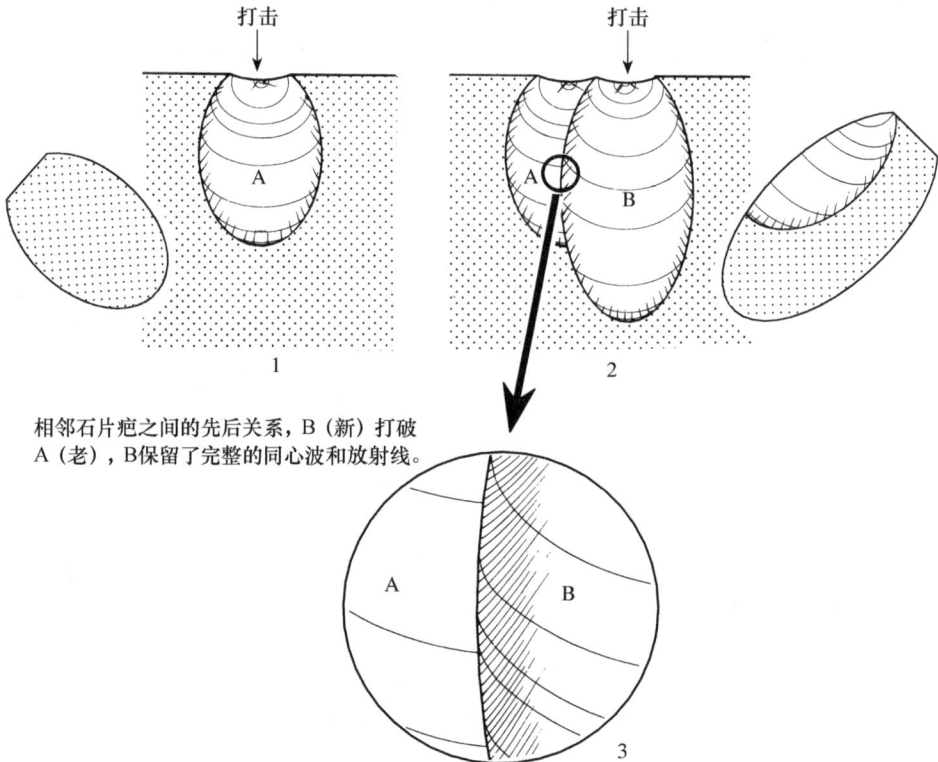

相邻石片疤之间的先后关系，B（新）打破A（老），B保留了完整的同心波和放射线。

图30 片疤产生时间差的原则

1. 剥片造成了片疤A的产生　2. 在片疤A旁边连续打击产生片疤B　3. 片疤B的同心波被完整保存下来

间差。

首先，正面的打击力导致了A片疤的产生（图30-1）。同心波从打击点开始延伸，从锥疤到远端为止，没有破损，始终保持完整。放射线也像是围绕着远端的同心波"镶嵌"一样出现。这样的同心波和放射线的残存状态，是一次剥片残留下来的痕迹。接下来在A片疤的旁边连续打击产生片疤B（图30-2）。B片疤将A片疤的一部分剥离下来，而自身得到了完整保留。因此，在绘制A片疤和B片疤的交汇处时，A片疤的同心波仅残留一半，与此相对，B片疤的同心波一直到弧线末端都全部保留（图30-3）。A片疤外缘上的放射线也被破坏了，B片疤的放射线密集分布在原属于A片疤的位置。也就是所谓剥片的顺序。A片疤和B片疤产生的先后关系，可以通过两个片疤交汇处的同心波和放射线的变化表现出来。

剥片也有波及其他面的情况。图31-1绘制了正面剥片面A→B→C三个剥片的剥片顺序。之后，剥片活动转移到上面，进而产生了D→E片疤，最新的E片疤被完整地保留下来。另外，由于位于上面的D、E片疤剥离的操作，正面的A—C片疤上的各个打击点和锥疤被部分破坏。A—C作为正面的片疤与上面的D→E这两个片疤存在剥片上的时间差。必须根据剥片的先后顺序则，考虑如何表现被剥离的部分以及余下的部分。松泽亚生设计的符号便于把握这样的剥离顺序（松泽，1959）。如图31-a所示，剥片顺序在符号的帮助下十分清晰，我们可以清楚看到带有"○"的面打破了带有"|"的面。

以上所书在研究实际考古资料中都有体现。图31-2为笔者实测的前陶器时代的黑曜岩石核（富士见市教育委员会，1978b），与图31-1相同，石核正面的片疤在左侧轮廓线附近出现较为密集的放射线，这表明剥片是从左向右进行的。之后剥片转移到上面，仍然可以从同心波和放射线得知，从右向左进行台面调整的工作。上面的剥片工作破坏了正面工作面靠近台面的部分。这一点与图31-1相似，上面可见较为完整的片疤，相反正面的打击点和锥疤附近被破坏了，保留了径较大的同心波。图31-b通过符号表示工作面主要的剥片顺序。

当然，残留的剥片疤仅是这件石器制作过程中的最终工序。对于已经被剥离掉的部分和细致加工的尖状器等，很难只用同心波和放射线完全展示其加工工序。故有必要将符号和局部放大的图像组合来表现。

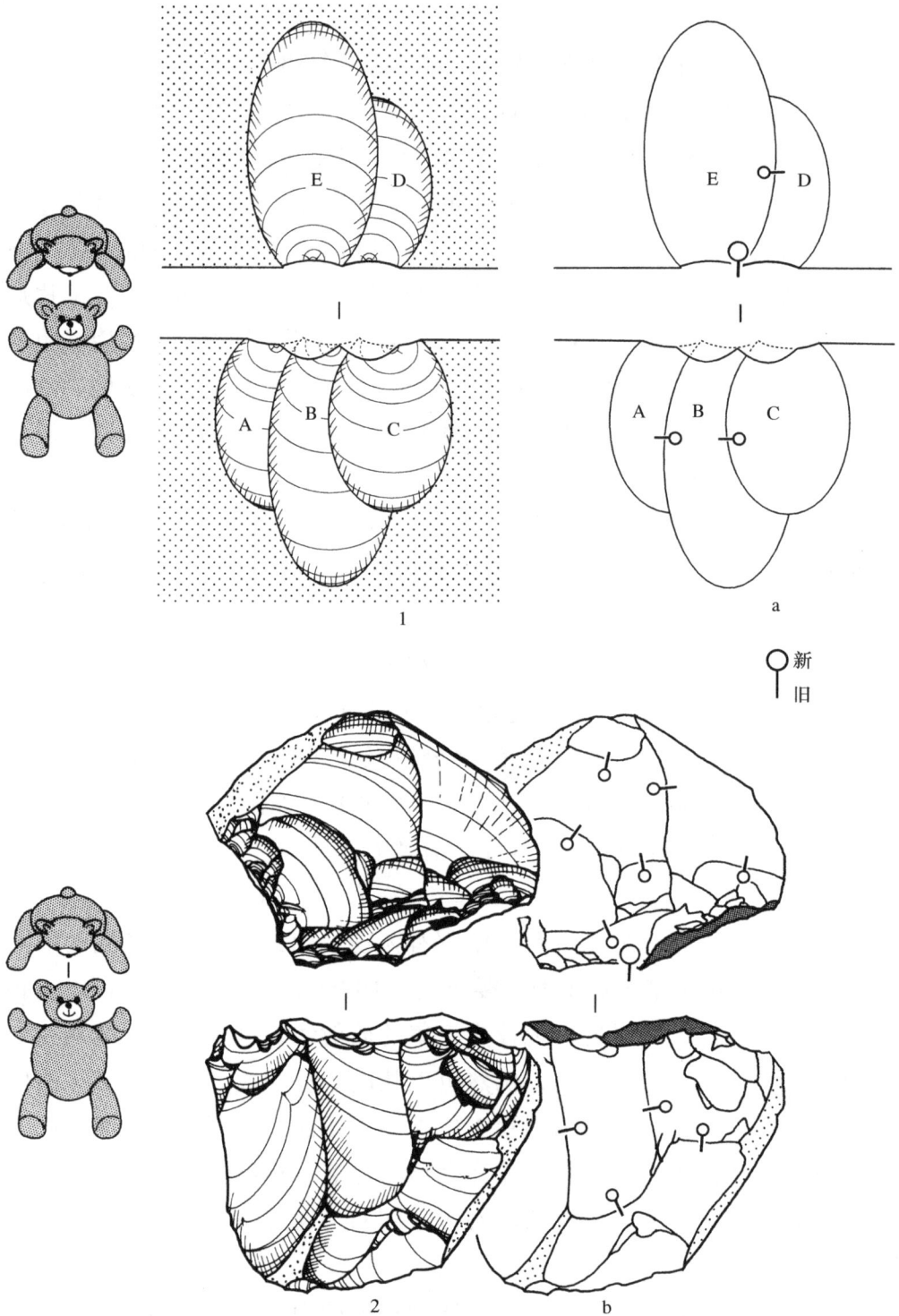

图31 片疤产生存在时间差在绘图上的表现

1. A→B→C三个剥片以及D→E两个剥片的剥片顺序（a表示带有"○"的面打破了带有"｜"的面）

2. 黑曜岩石核上的剥片顺序（b表示了工作面上的剥片顺序）

4. 创建基准线

对正面进行实测时，要绘制数条基准线，作为绘制其他面的参考线（图32）。如图32-1所示，使用两个三角尺绘制与正面轮廓线的延长线，并通过互相变换三角尺的位置，在进行实测的范围内设置与轮廓延长线的垂直线和平行线。结果如图32-2所示，与正面的最上部和最下部相接的a、c，即为绘制背面、侧面所用的基准线，并在a、c之间绘制表示横截面位置的基准线b。在正面左右两端与b相交的点垂直向下画出延长线，便得到了基准线d、e。横截面轮廓线就是基准线b在d、e之间的正面及背面的轮廓线。绘制纵截面也是同样的步骤。

这些是绘制线图必须的基准线。如果视图增加的话，根据情况还要继续增加基准线。另外，例如剥片的"石片角"一般是把从打击点到远端的中心线作为纵截面的轴线，不一定能和基准线成直角。这种情况下，应当在与石器相对应的位置上设置基准线。

5. 绘制侧视图

侧视图在正视图完成之后进行。侧视图也必须与正视图在同一条线上对齐。如图33-1所示，选择正视图上的特征点，用三角板绘制经过这些点且与基准线平行的线，并延伸至侧视图方向（用●▲■★◆等符号标明特征点）。此外，为了能使各面的间隔准确地保持一致，也可以绘上一定的垂直线（用☆表示）。

在绘制侧视图时，石器的测点与正视图一样，也与纸张有一定的距离，因此对石器最初设定的定位非常重要。在与要描绘面相反的侧面粘上橡皮泥等，对准正视图中的基准线固定好，注意方向不要偏。然后，像图33-2那样，目测选择外轮廓上的一些特征点，利用三角板打点，最后连结成线。紧接着，结合从正视图引的基准线，用两脚规和三角尺来绘制正面、背面边界中间的脊线。

对于刃缘较钝的砍砸器以及刮削器的刃部等，侧面放置时最有利于理解二次加工，绘制侧视图时，修理疤的外轮廓线、同心波及放射线也均应体现。在基于绘图原则的同时，也要根据所绘对象来设计安排。

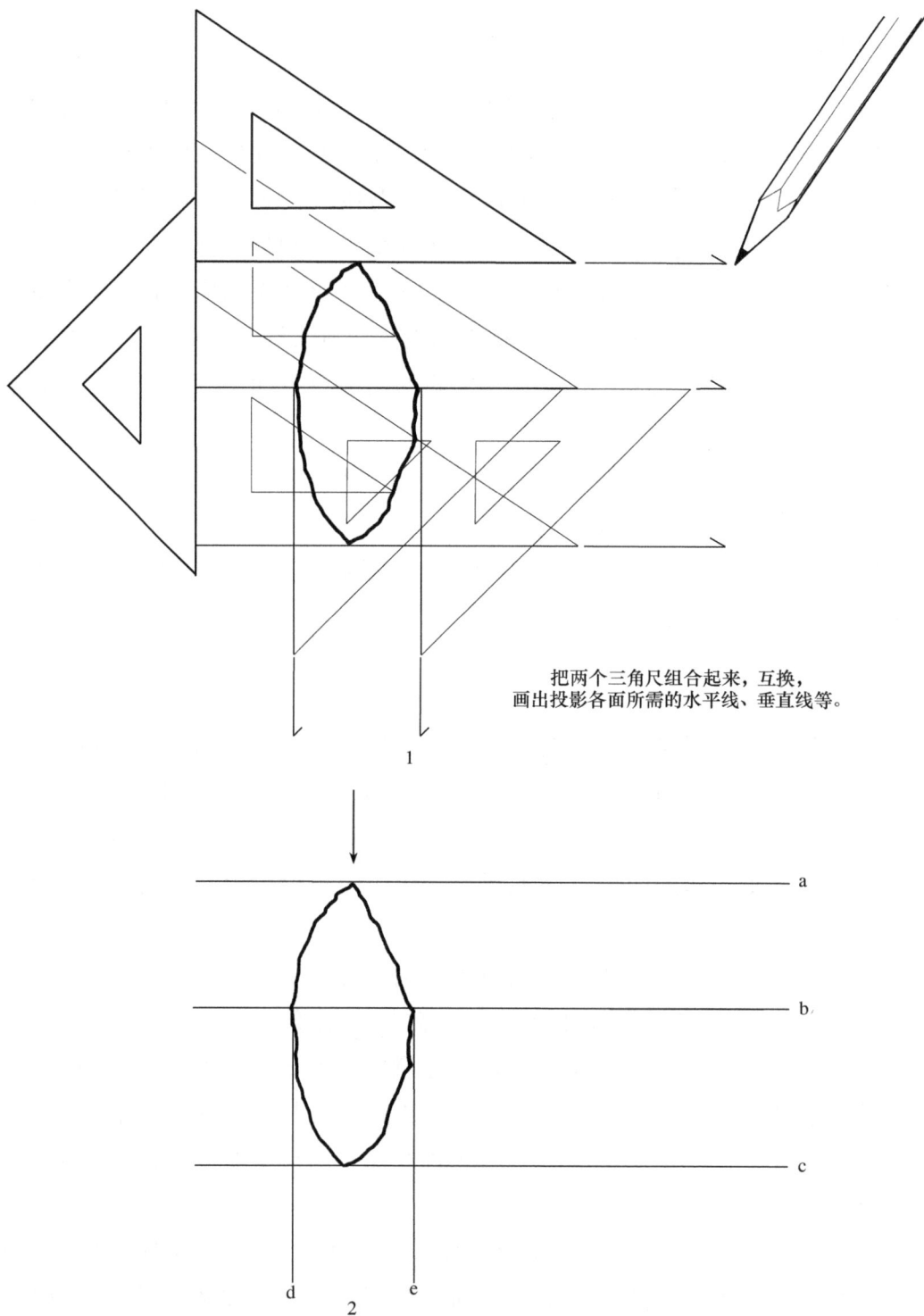

把两个三角尺组合起来，互换，
画出投影各面所需的水平线、垂直线等。

图32　基准线的创建

1. 绘制实测图时添加多条基准线　　2. 绘制横截面和纵截面时需要添加的基准线

（基准线a、c用来绘制纵截面，基准线b、d、e用来绘制横截面）

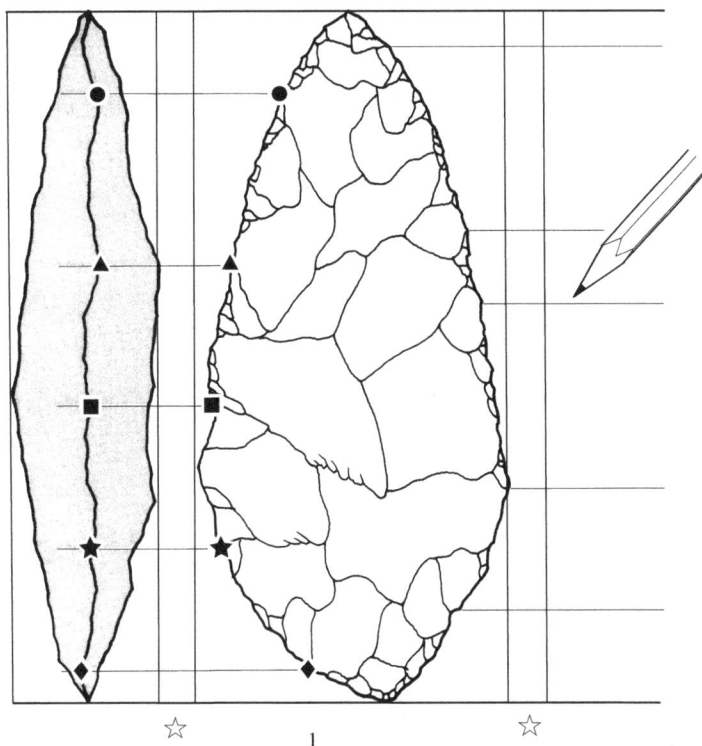

石器放置时，要保证正面和侧面的每个位置对应。

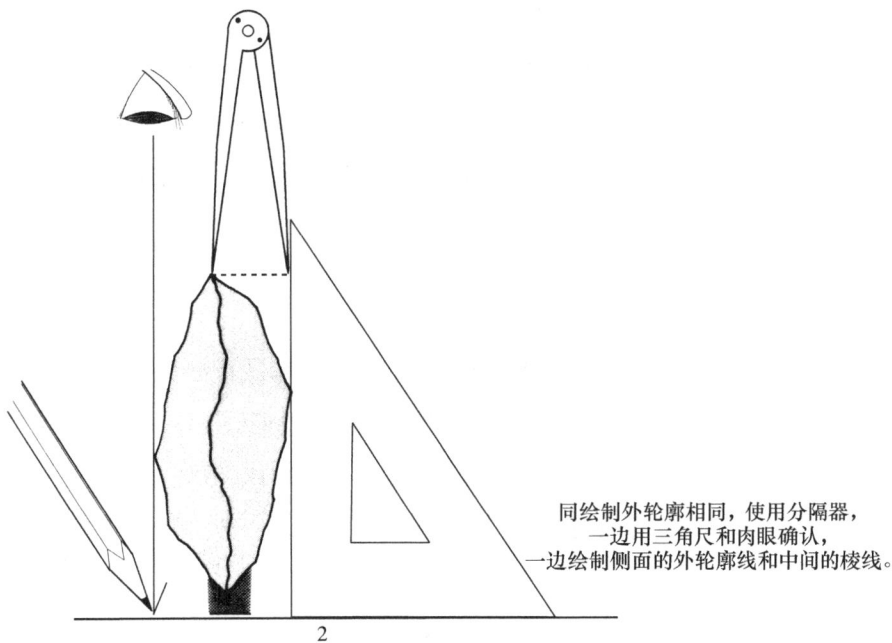

同绘制外轮廓相同，使用分隔器，
一边用三角尺和肉眼确认，
一边绘制侧面的外轮廓线和中间的棱线。

图33　侧视图的绘制

1.利用基准线将正视图与侧视图上的特征点一一对应　2.利用直角规和三角板绘制纵截面

6. 摹写外轮廓线

在正投影图中，与正面相对的背面、与左侧面相对的右侧面的轮廓必须是一体的。绘制好正面和一个侧面后，在其上覆硫酸纸，用铅笔摹写（图34-1）。这时，也要在硫酸纸上标出上下的基准线的位置。接着翻转硫酸纸，根据上下基准线规定的位置，用类似铁笔（刻印刀）的东西从背面划出线条（图34-2）。然后再次用铅笔描写。因为描出来的线条往往是圆润的，所以要保持铅笔头的尖度，尽量清晰地描写。这样就完成了背面和一个侧面的轮廓图。再重复与正面相同的操作，添入片疤轮廓线、同心波、放射线。

7. 绘制截面图

最后，绘制截面图。将两把三角尺按图32所示的方式组合，在要画截面图的地方画一条指示线（A—A'），如图35-1所示。在这个线上穿过正面左右两端的点（a、d）与穿过片疤脊的点（b、c）作基准线并向下延伸。紧接着，将石器如图35-2所示放在正视图上，将仿形器垂直放在石器上，用木针从A—A'上取a—d的位置。取下石器，依照预先引好的a—d的位置将仿形器平放在纸张上，用铅笔在得到的形状上落点并连线（图35-3）。绘制背面一侧时也是同样的步骤，将石器放在背面图上，用仿形器对准左右两端（a和d），同样是木针被顶出后得到特征点的位置。继续连点成线，如此便完成了截面图。石器纵截面的绘制原则与横截面相同，尽量选择在中央部位放指示线，如果石器保留了台面和锥疤的话，则在纵贯远端为止的中轴线上放置指示线。

8. 透图

透图以底图作为直接对象，是石器实测图完成前最重要的工序（图36-1）。绘者一边用放大镜观察手中石器的每个细节，一边使用2H、3H等不同软硬度的铅笔绘制不同位置（图36-1，①、②）。仅靠眼睛的观察还不足以加深认识。重点是以所观察到的现象为首，自由具体地将手所触及、感受到的全部信息一同体现在线图上。

底稿完成后，便是实测的最后一步——透图。一边需要再次把石器拿到手中确认细节，一边谨慎地摹写。在底图上覆硫酸纸，用胶带等固定好边

在下图上放置绘图纸，
标记上下基准线的位置（?），
用铅笔描绘正面、侧图的外轮廓线。

将绘图纸翻转并放置在与基准线匹配的背面和侧面位置上，
把基准线从背面擦掉，以此绘制另一面的外轮廓线。

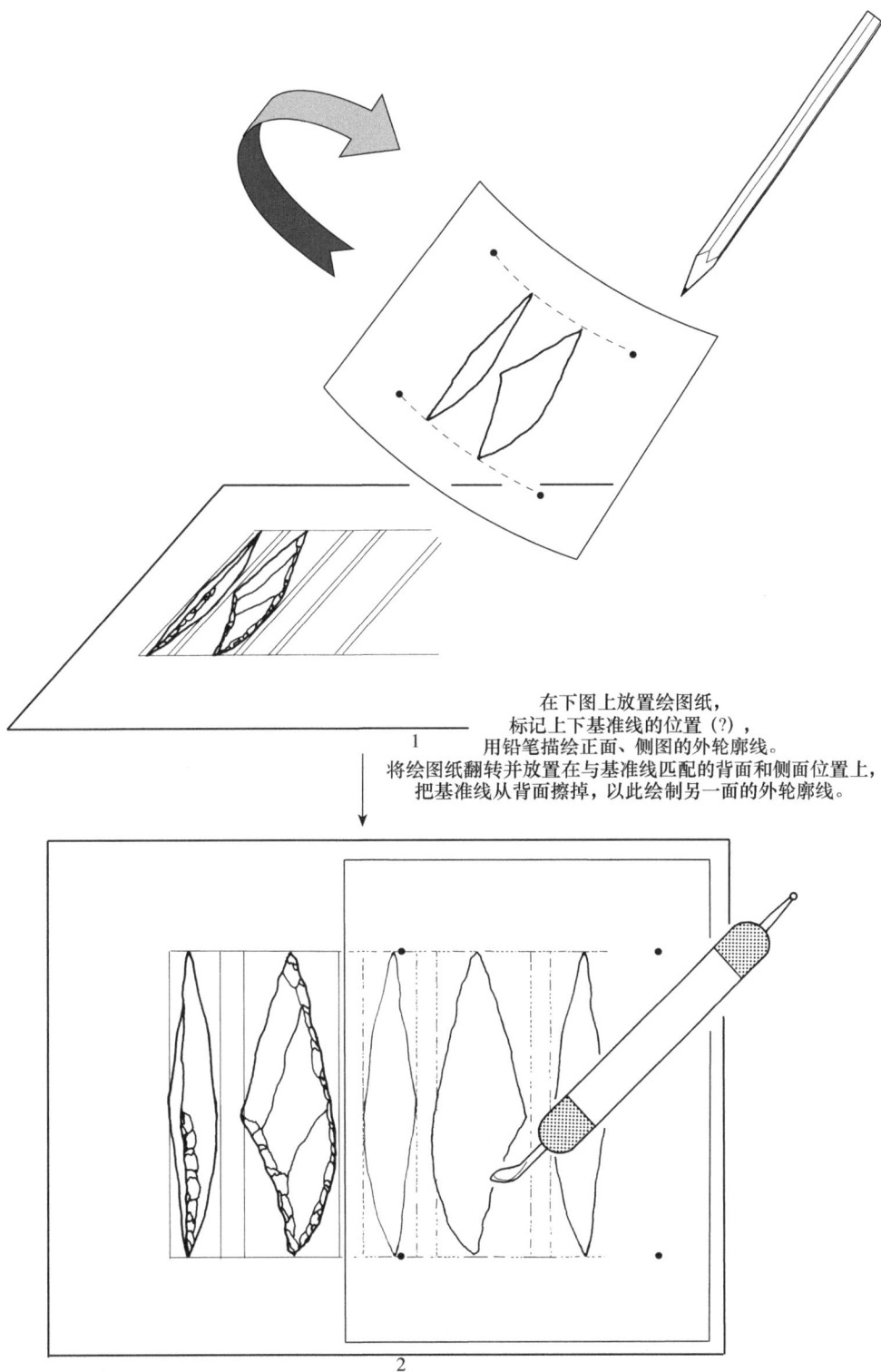

图34　石制品另一面轮廓线的绘制（利用反转底图）

1.用硫酸纸清绘石器线图时也需要标注基准线　2.利用基准线反转硫酸纸绘制石器的另一面轮廓线

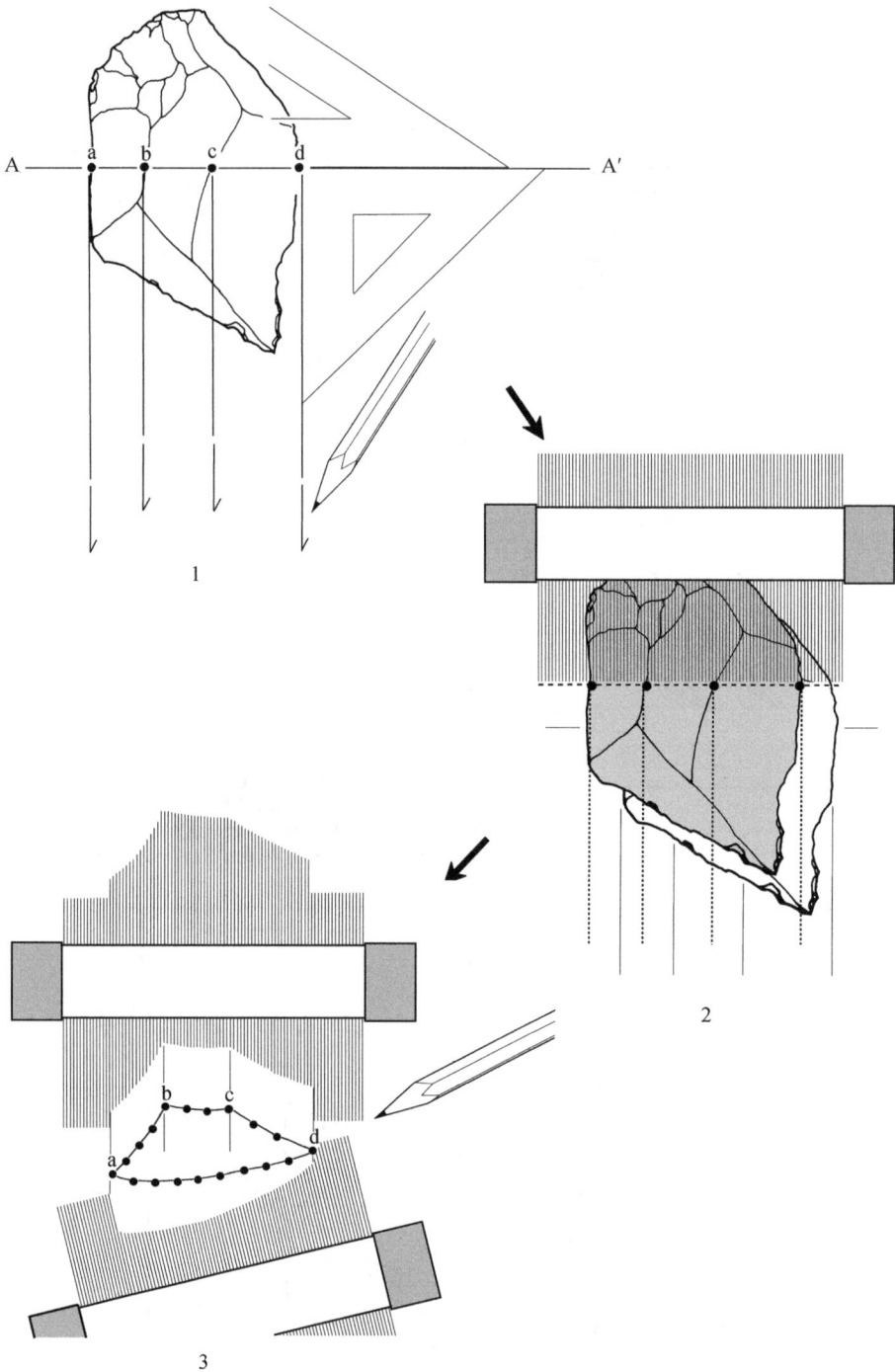

图35　截面图的绘制

1.横截面的位置［用三角尺从主视图上画出指示线（A—A′），将与指示线相交的位置（a—d）垂直向下拉引线］
2.正面上放置石器将"真弧"对准指示线（"真弧"绘制横截面的工具，多用竹子、钢等制成针状，使用小木板固定，竹针或钢针可上下移动，形状类似"篦子"）　3.将"真弧"对准拉下的线（a—d）绘制横截面的形状（背面也使用同样的方法绘制横截面，与正面侧配合）

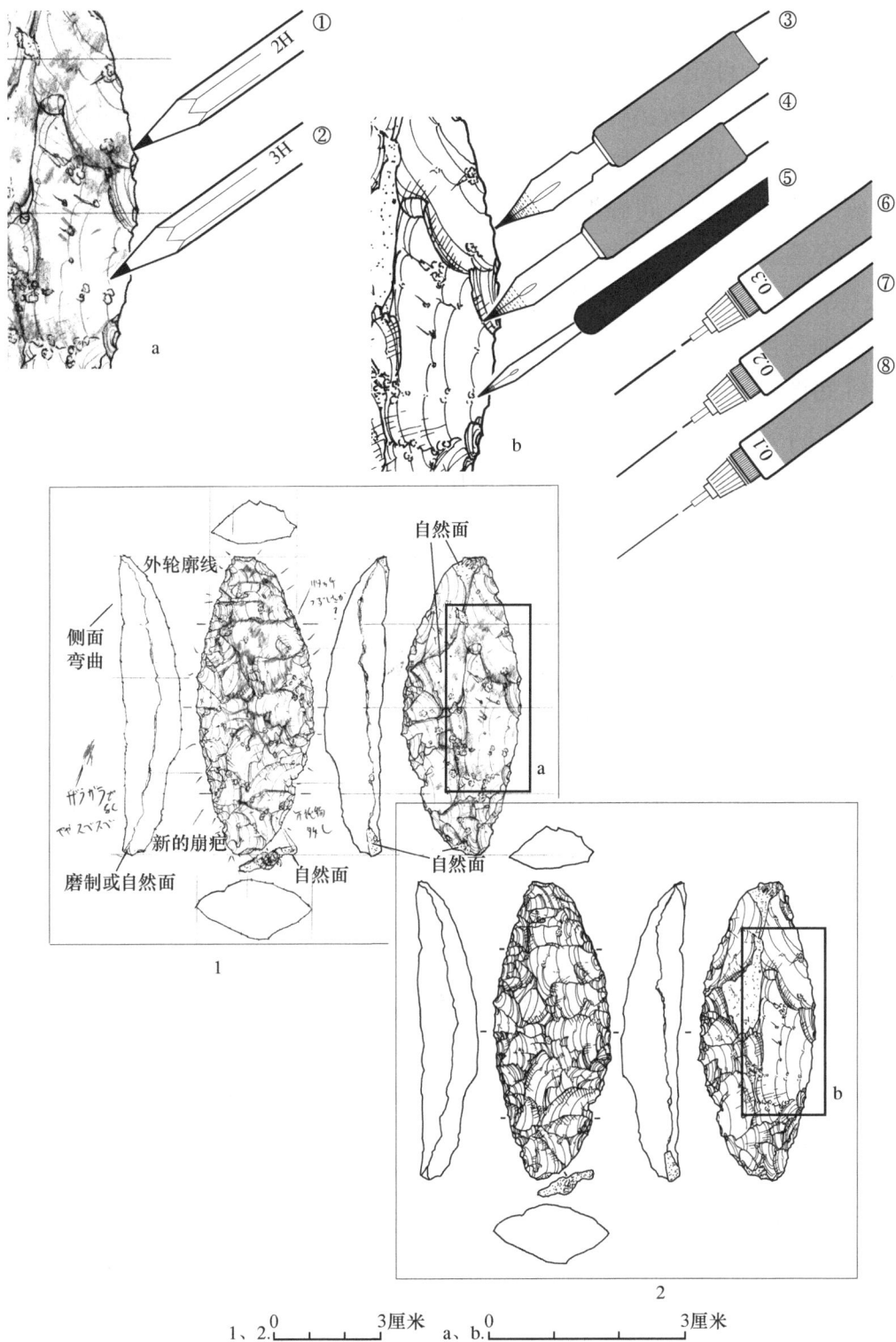

图36　不同种类绘图笔的使用

1.下图　2.描摹图

角。如果硫酸纸上沾到油脂，就会排斥墨水，故应在接触手部的部位放一张纸隔开或者戴上手套。

透图时最好选用G笔、圆笔等蘸水笔。按线条的粗细程度开始摹写，顺序为外轮廓线、片疤轮廓线、同心波及放射线。绘制外轮廓线用③号笔，片疤轮廓线用④号笔，同心波和放射线用⑤号笔，均蘸取制图用油墨。若用红环针管笔摹写的话，则外轮廓线用0.3毫米笔（⑥），片疤轮廓线用0.2毫米笔（⑦），同心波和放射线用0.1毫米笔（⑧）或更细的笔。透图所用线条的粗细程度也要考虑到成图的比例。对于细石叶那样的小型石器，有时也会将底图扩大两倍再进行透图，并以1∶2的比例尺来进行展示（图50—图61、图64）。a、b是同一石器的底图和透图，为笔者以原尺寸大小绘制。

若想熟练使用蘸水笔，则要花费比练习红环针管笔更多的时间。需特别注意的是蘸水笔和硫酸纸的角度、指尖用力的大小以及手腕的转动等。特别是使用细而轻的圆笔时，指尖用力容易过大，从而导致线条的抖动。用力技巧只能通过反复练习来体会并掌控。可用油石或细砂纸抛光笔尖。另外，因笔尖易堵塞，需用湿纸巾等时常擦拭。蘸水笔经久耐用，一旦掌握其使用技巧，它便是实测透图中的最佳工具。

底图绘制过程产生的各种认识在透图中会继续得以延续。对一件事物的认识只会积累，并不会减少。对于如何利用线图表现观察到的现象犹豫不决，也说明了研究者对于石器的理解正在继续深化。绘制底图和透图时两次实技的积累才是实测的本质。

四、各面的布局和标识

最后，图37、图38汇总了前文所述的实测图基本布局和表现方式。

1. 布局

图37-1是实测图基于第三角投影法的基本面布局。其中包括正面的指示线a—c及其横截面a、基准指示线b以及在b之下位于正面下方的横截面b、c，同时，横截面a也以与b、c同样的方式安排在正面的上方。图37-2 与图37-1的差别仅在于横截面的布局方式，为了便于比较，横截面a—c被同一放于左侧。a—c的指示线也延伸到了左侧缘的左边（☆）。这种截面图布局在欧美

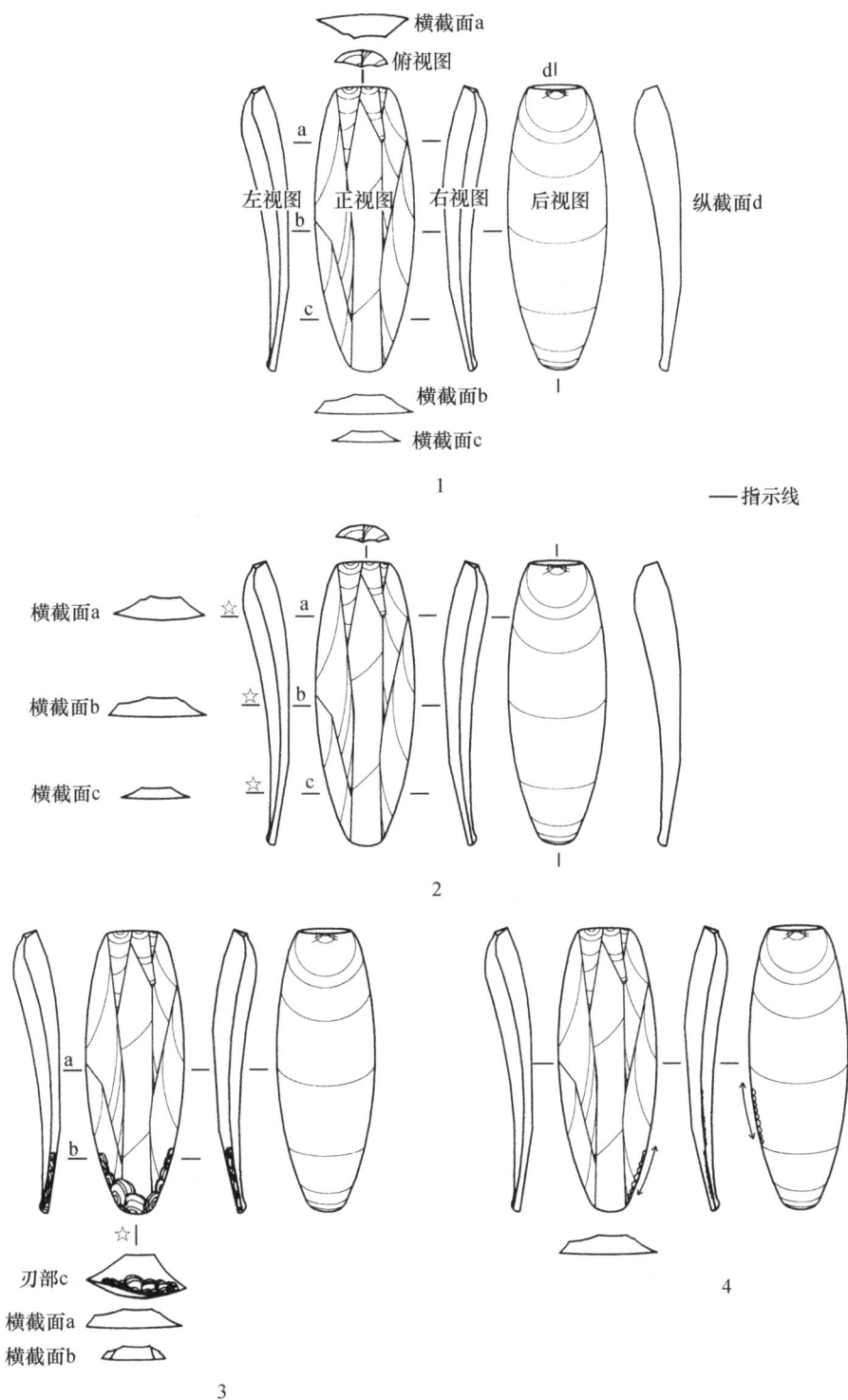

図37　视图的布局和图例标识

1. 各面的排列　2. 横截断面a·b·c的提取和指示线（☆）　3. 刃部c和横截面b的刃部范围的显示和指示线（☆）

4. 微细石片疤的范围（◄──►）

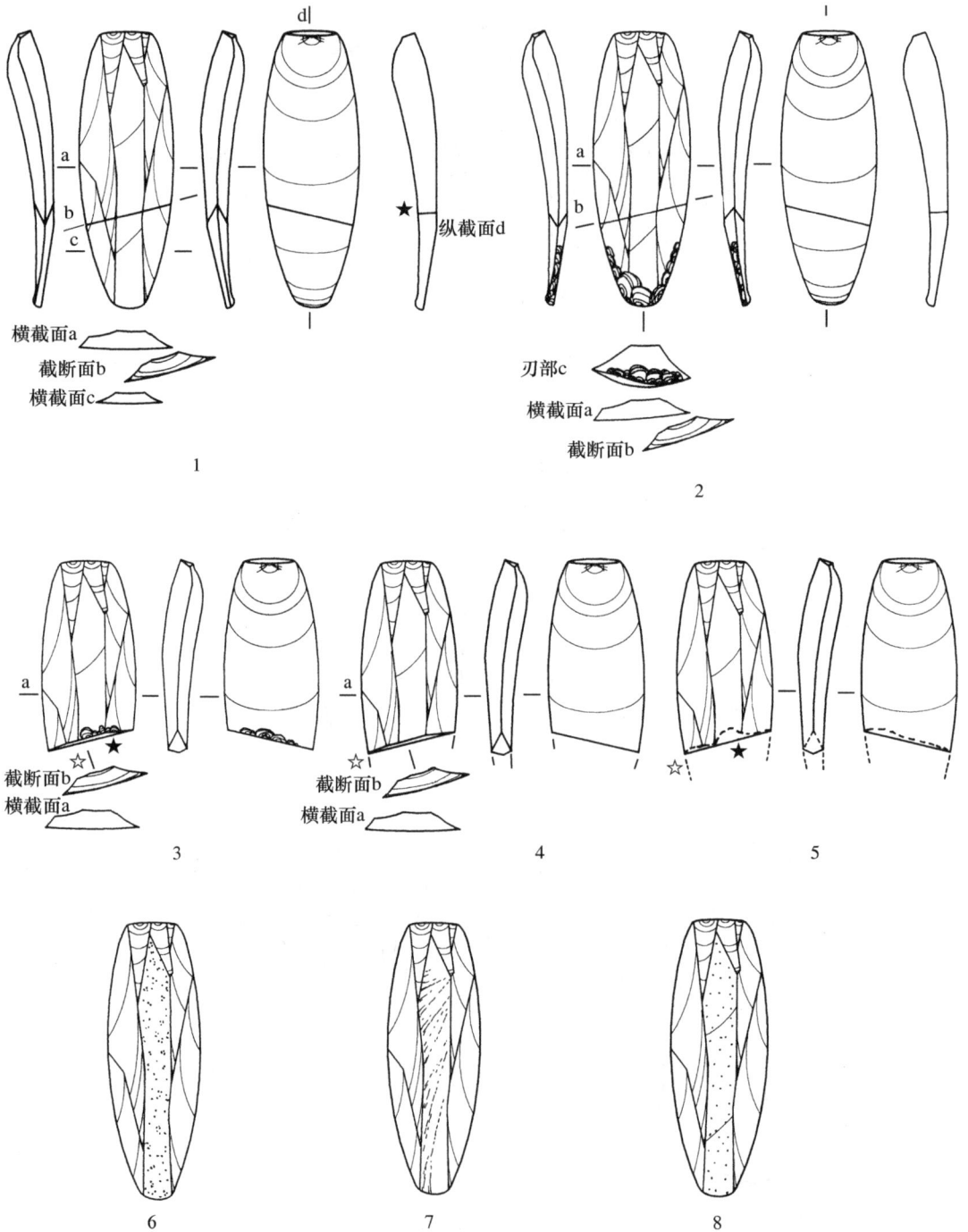

图38　视图的布局和图例标识

1. 接合的截断面b和纵截面d之间的接合部分（★）　　2. 接合的截断面b和刃部c　　3. 具有加工痕迹的截断面b（★）
和指示线（☆）　　4. 截断面b（☆）和推定线　　5. 新的破损面（★）和推定线（☆）　　6. 自然面　　7. 节理面
8. 自然面和节理面

著作中并不多见。而在日本，织笠昭由于以横、纵截面的比较为核心来进行研究，大量灵活使用了这种截面图的布局方式（织笠等，1981）。

图37-3展示了将刮削器的刃部提取出来进行实测的情况。刃部的提取面被放置于最能明确显示二次加工的正视图和左右侧视图之间，同样引一条指示线（☆），只在（刃部c）加工部位加上轮廓线、同心波和放射线。并经横截面a、b放于刃部c之下。另外，横截面b的内部也可填入短线来表示刃部的加工范围。

※图41等

2. 标示记号

对于难以图化的刃部微细疤痕范围，可在其所在面的实测图中用箭头进行表现，如图38-4。欧美的石器实测图中会大量使用各种标示记号（Davois and Fanlac，1976：131，Addington，1986：11-29，Tixierho等，1998：45）。然而，如果滥用符号，可能会适得其反。研究者应该试图钻研和有效利用易于理解的记号，且不可让其喧宾夺主。

※图50中的8、9等

3. 辅助投影图

图38-1中的辅助投影图b为横截面a、c之间断裂面的截面图。线条b为断裂面的指示线，与指示线a、c不同，它是通过在断裂面的左右侧缘取点而画线的。断裂面b从指示线b处垂直向下，并依照正面图的顺序放在横截面a、c之间。断裂面b也兼任指示线b处的横截面，绘制时也需加上同心波和放射线显示方向。另外，在纵截面d中，也加上了标记断裂位置的线（★）。

图38-2与图38-1一样，展示了被提取出的刃部c与横截面a和断裂面b的位置关系。

若石器断裂后不能完整接合应怎样处理实测图呢？如图38-3，断裂面上存在进一步加工的情况（★），与图38-3的刃部一样，则在其与正面图之间的投影方向加上指示线（☆），并与图38-1一样，在断裂面b中加上同心波和放射线。由上至下排列断裂面b和横截面a。在图38-4中，断裂面b上并没有加工痕迹，在其下加入表示远端缺损的推定线（☆）。图38-5中断裂面的破损部分通称为二次破坏（ガジリ），为在近期因发掘调查抑或近年耕作等导致的较新破损。以虚线表示其范围（★）和推定线（☆），明确其和图38-4断裂面上痕迹的形成时期不同。当为对横截面进行图示时，中央的基准指示线则不延伸到正面图的左侧缘。

※图48中的3、7、8；图50—图61、图64；图56—图65等

4. 在实测图中区分人为和自然

在石器实测图中，人为痕迹以"线描"表示，自然属性以"点描"表示。图38-6展示了石器中央部残留有原石表皮自然面的情况，绘制时应根据石材形状进行点描表现。图38-7表现的是因石材性质而出现板状剥离的"节理面"。因剥离面十分平坦，所以其上没有形成凹凸的同心波，基本只用放射线来表现其打击的方向。图38-8被称为"双图层"，它不像图38-5那种近年来产生的二次破损，更类似绳文时代古人类再加工前陶器时代石核等这样的情况，因再加工的时代依旧古老，石器上就会出现不同时代的多个风化面。在对旧面上的打击情况进行线描时，还需通过点描来表现其风化情况。

※图43中的1—3

5. 其他的图

将石器上残留的人为信息作为实测图的组成部分纳入是实测中的基本原则。但是，若要将石器制作的技术信息、磨损痕迹、装柄痕以及附着物等信息合为一体的话，实测图可能会比较复杂。在这种情况下，就应再绘制其他的图，以便于实测图相互比较。

※图47中的5

6. 记录·保管

于研究者而言，实测图是不可或缺的记录，与此同时也是研究石器的珍贵资料。应详细地在底稿上记录遗址名或出土地点、石质、实测者的姓名和实测的年月日，除此之外，在底图上还应详细写明观察结果和感想等。对待底图和透图也要像对待文物一样，谨慎保存，以免遗失或变质。

没有人能够比实测者更好地观察文物。也几乎没有被二次实测的石制品。即便是出于私人研究的目的，实测依然具备公共性。反复训练，尽全力将信息描绘出来，实测就是这样的工作。

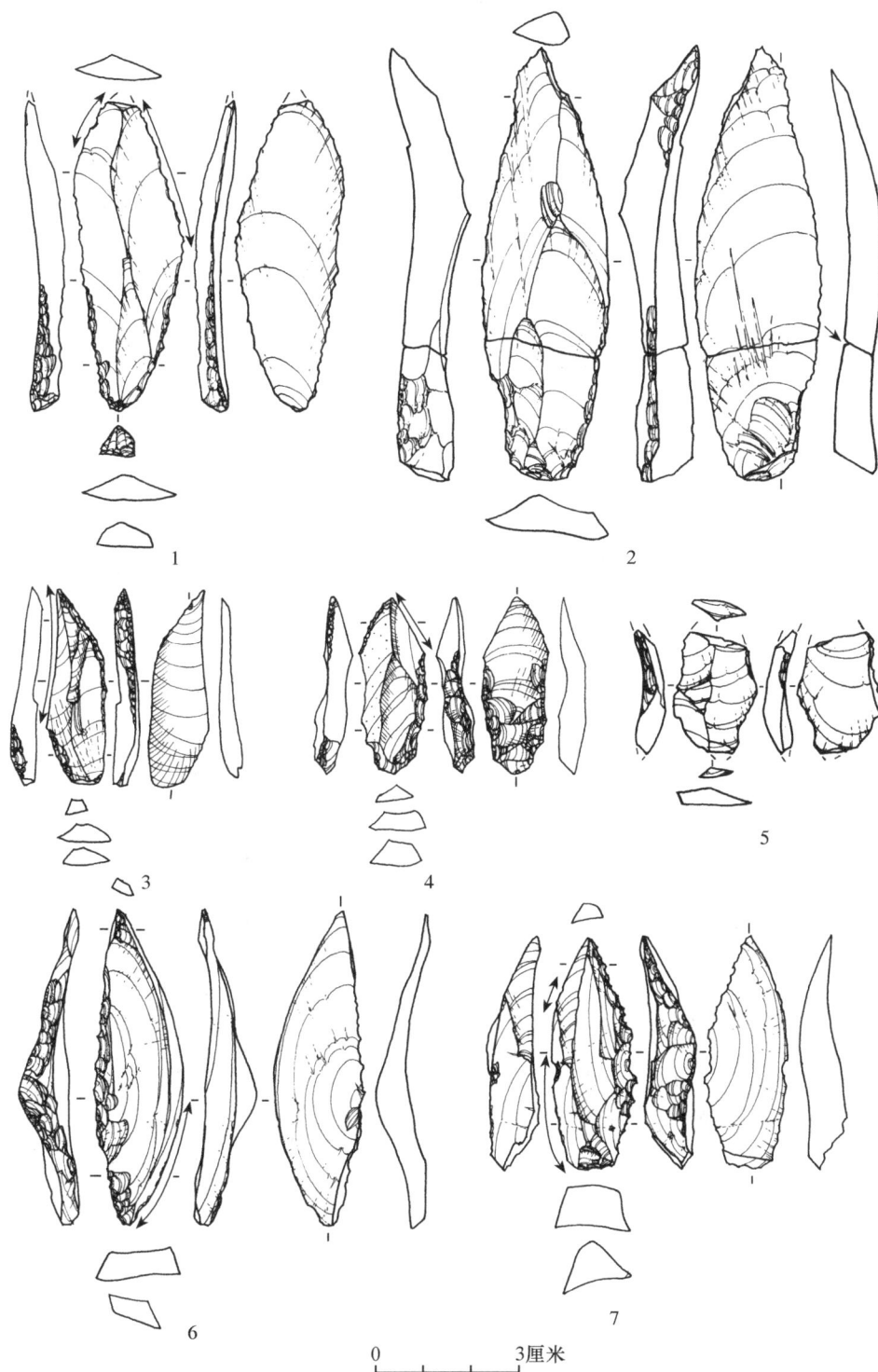

图39　刀形石器

1、2、5.安山岩（发现于打越KA地点，先土器，富士见市教育委员会，1978a）　3、4.黑曜石（发现于西松原第1地点，先土器，富士见市教育委员会，1977）　6、7.燧石（发现于殿山，先土器，石器研究会编，1982）

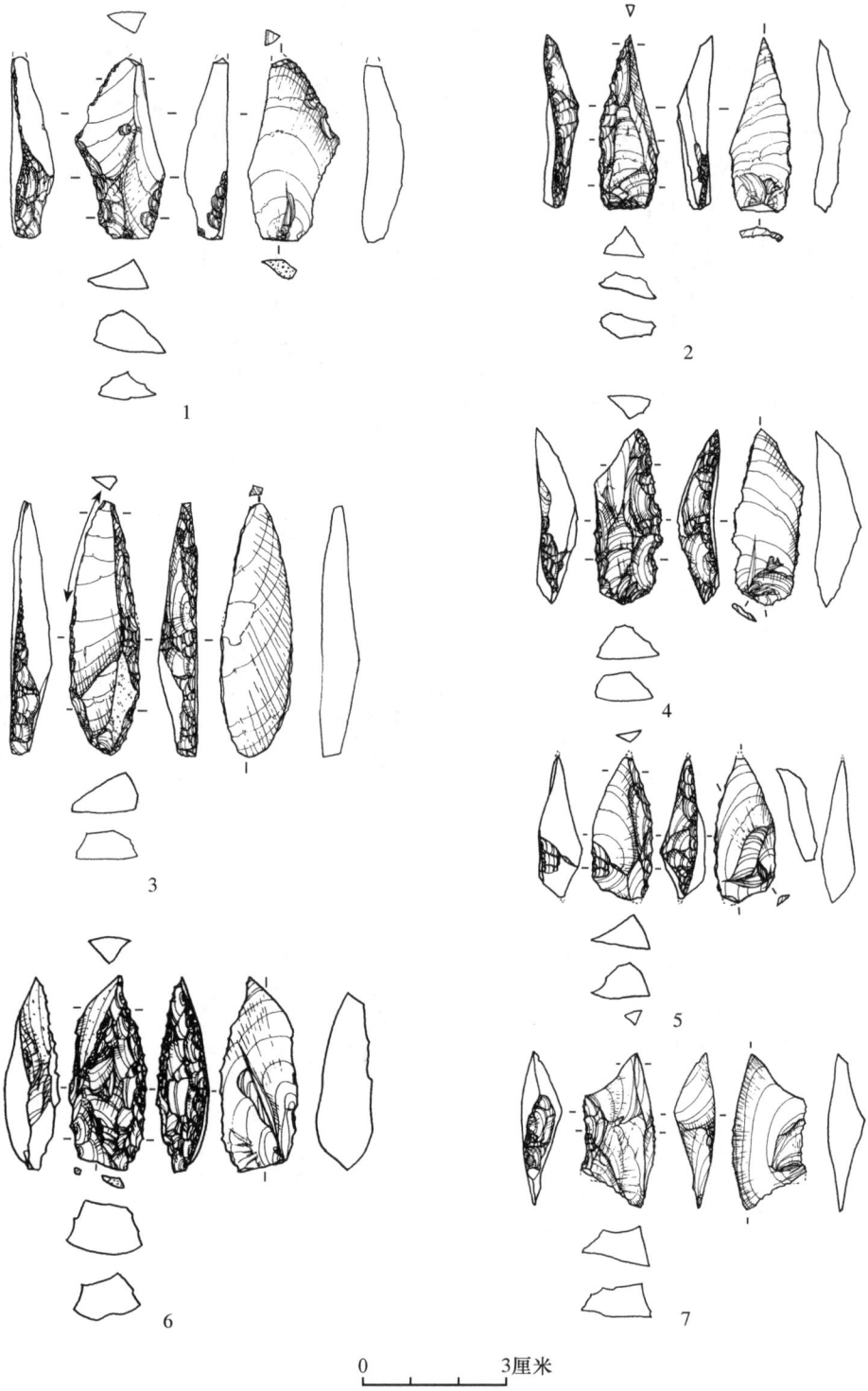

0 ⸻ 3厘米

图40　刀形石器

1—5、7. 黑曜石（发现于殿山，先土器，石器研究会编，1982）

6. 黑曜石（发现于横田，先土器，埼玉县埋藏文化财调查事业团，1995）

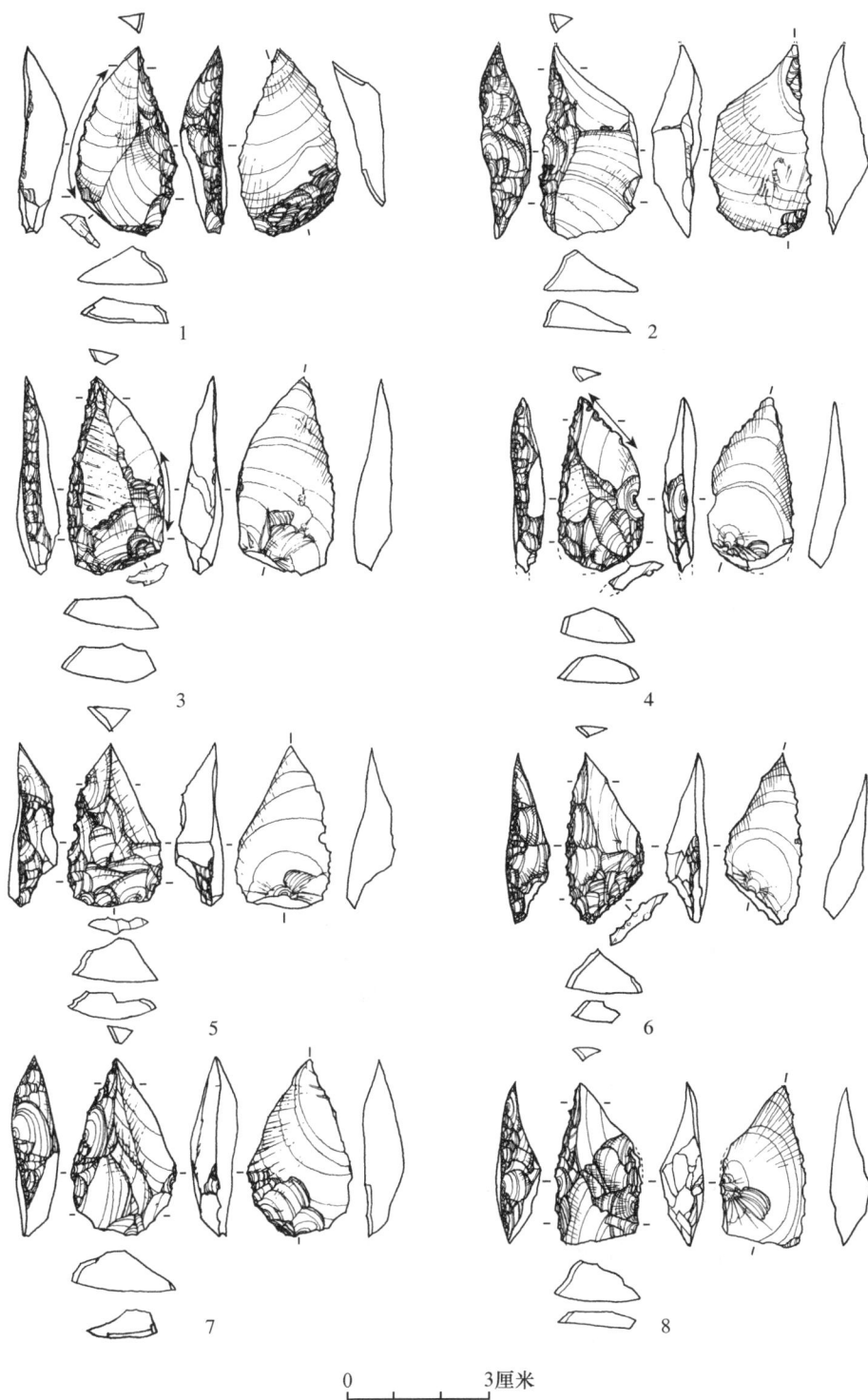

图41　刀形石器

1—4、7、8.黑曜石（发现于明花向C区，先土器，埼玉县埋藏文化财调查事业团，1984）

5、6.凝灰岩（发现于明花向C区，先土器，埼玉县埋藏文化财调查事业团，1984）

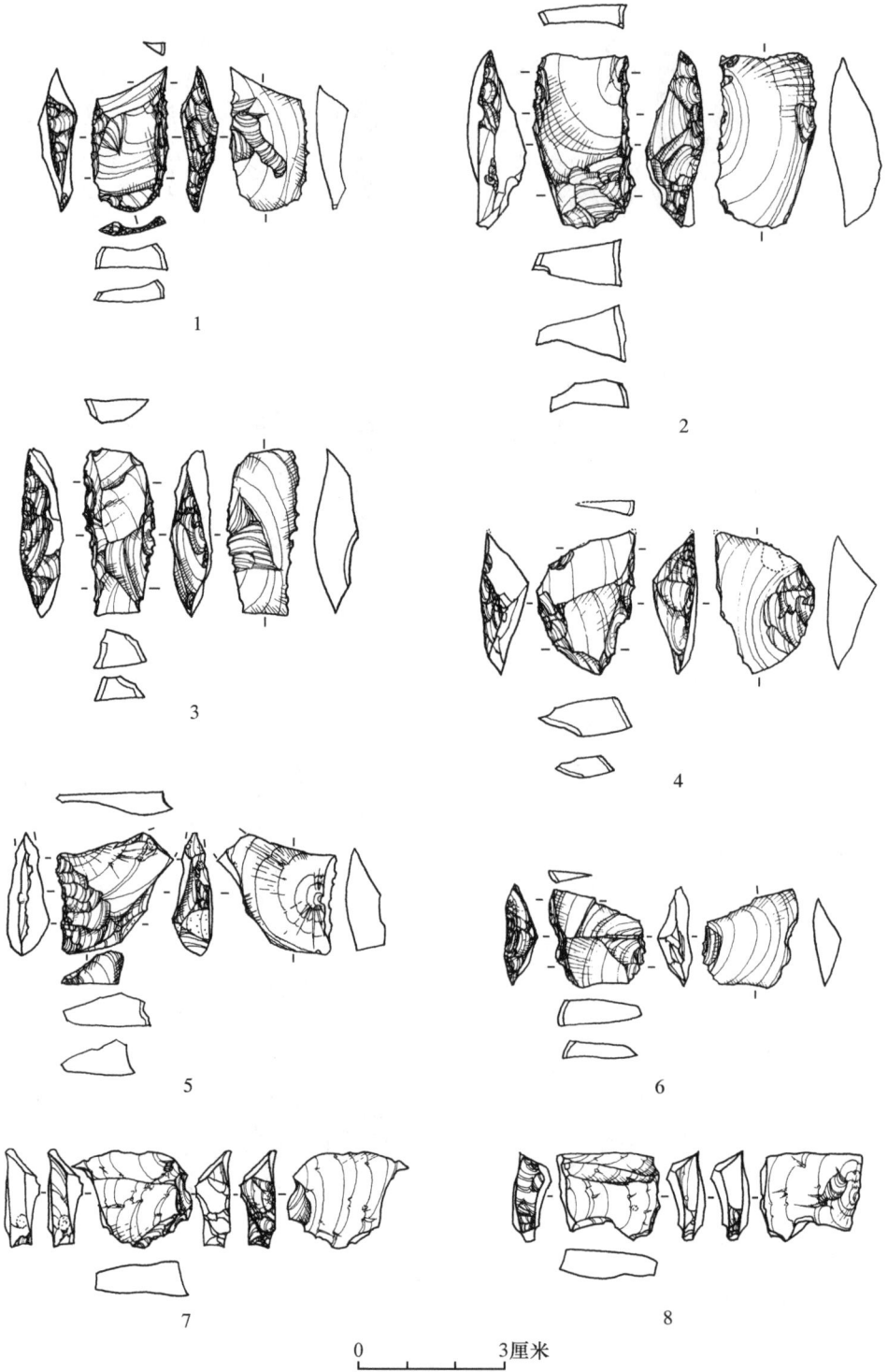

图42　细石叶石核

1—6.黑曜石（发现于明花向C区，先土器，埼玉县埋藏文化财调查事业团，1984）

7、8.黑曜石（发现于松ノ木，先土器，富士见市遗迹调查会，1979）

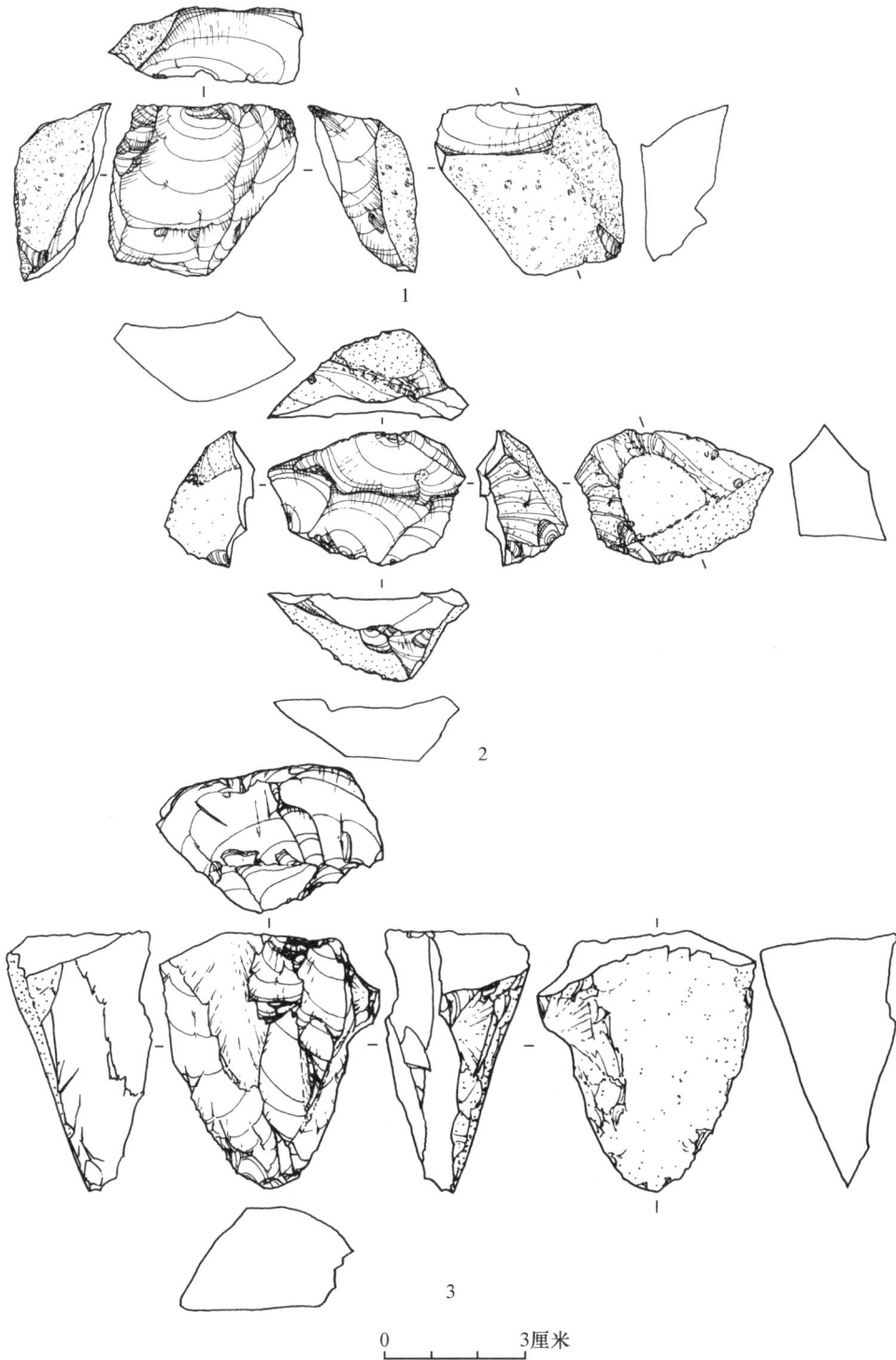

0 ———— 3厘米

图43　石核

1.黑曜石（发现于殿山，先土器，石器研究会编，1982）　2.黑曜石（发现于明花向C区，先土器，埼玉县埋藏文化财调查事业团，1984）　3.黑曜石（发现于向山，先土器，埼玉县埋藏文化财调查事业团，1995a）

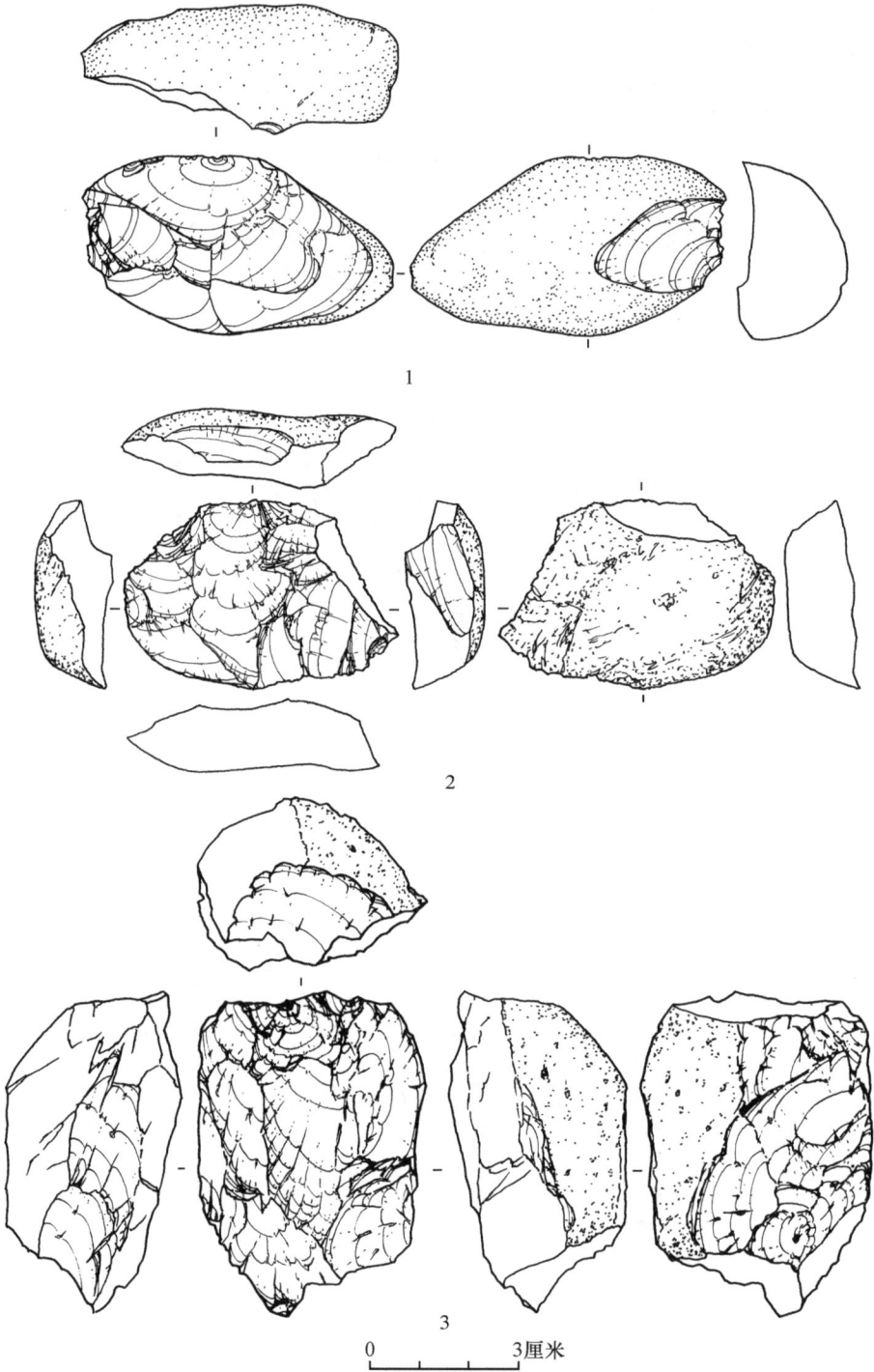

图44　石核

1. 安山岩（发现于打越KA地点，先土器，富士见市教育委员会，1978）　2. 安山岩（发现于埼玉县北，先土器，埼玉县埋藏文化财调查事业团，1987）　3. 安山岩（发现于户崎前，先土器，埼玉县埋藏文化财调查事业团，1997）

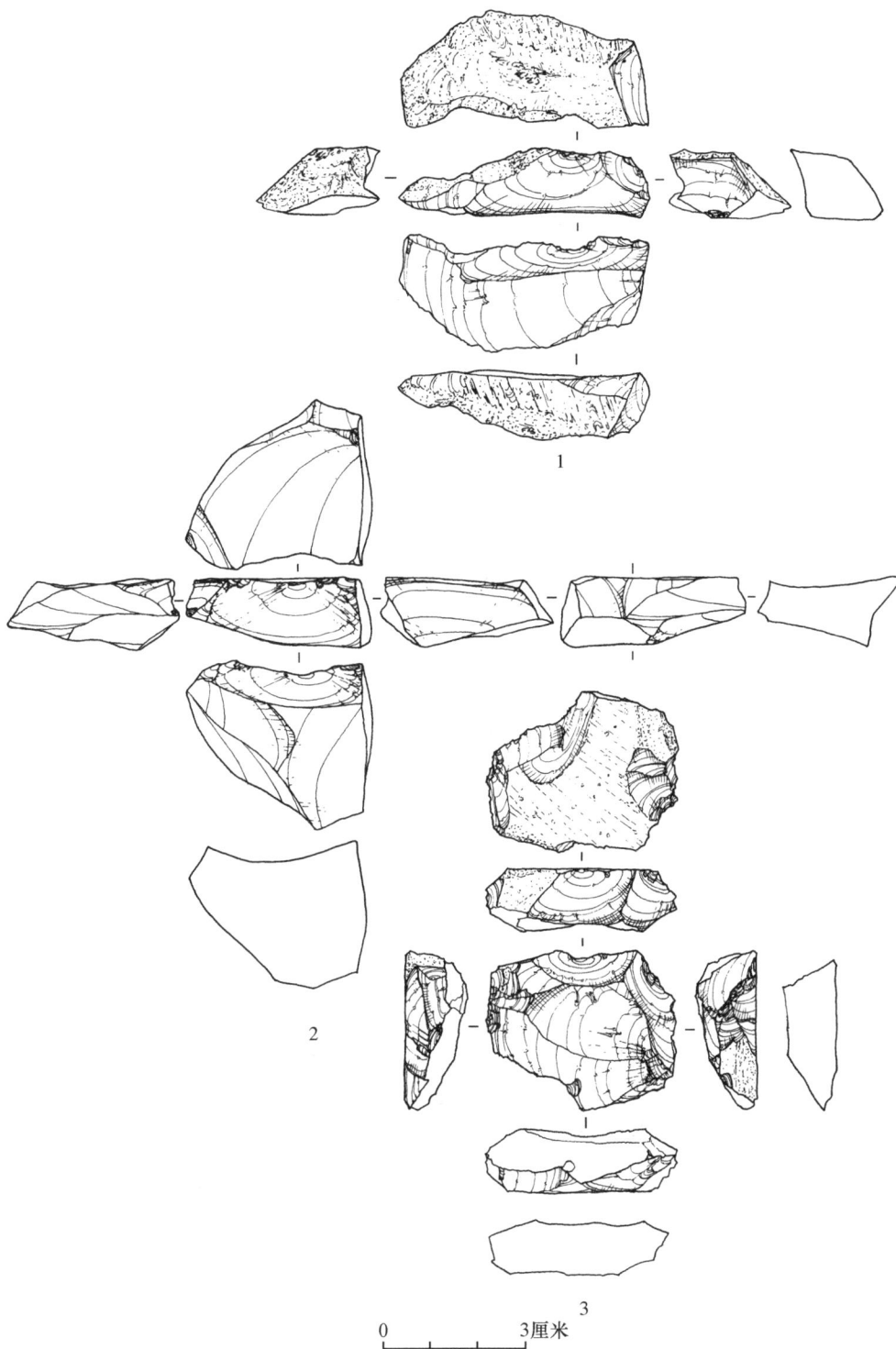

图45　石核

1、3.黑曜石（发现于殿山，先土器，石器研究会编，1982）　2.凝灰岩（发现于殿山，先土器，
石器研究会编，1982）

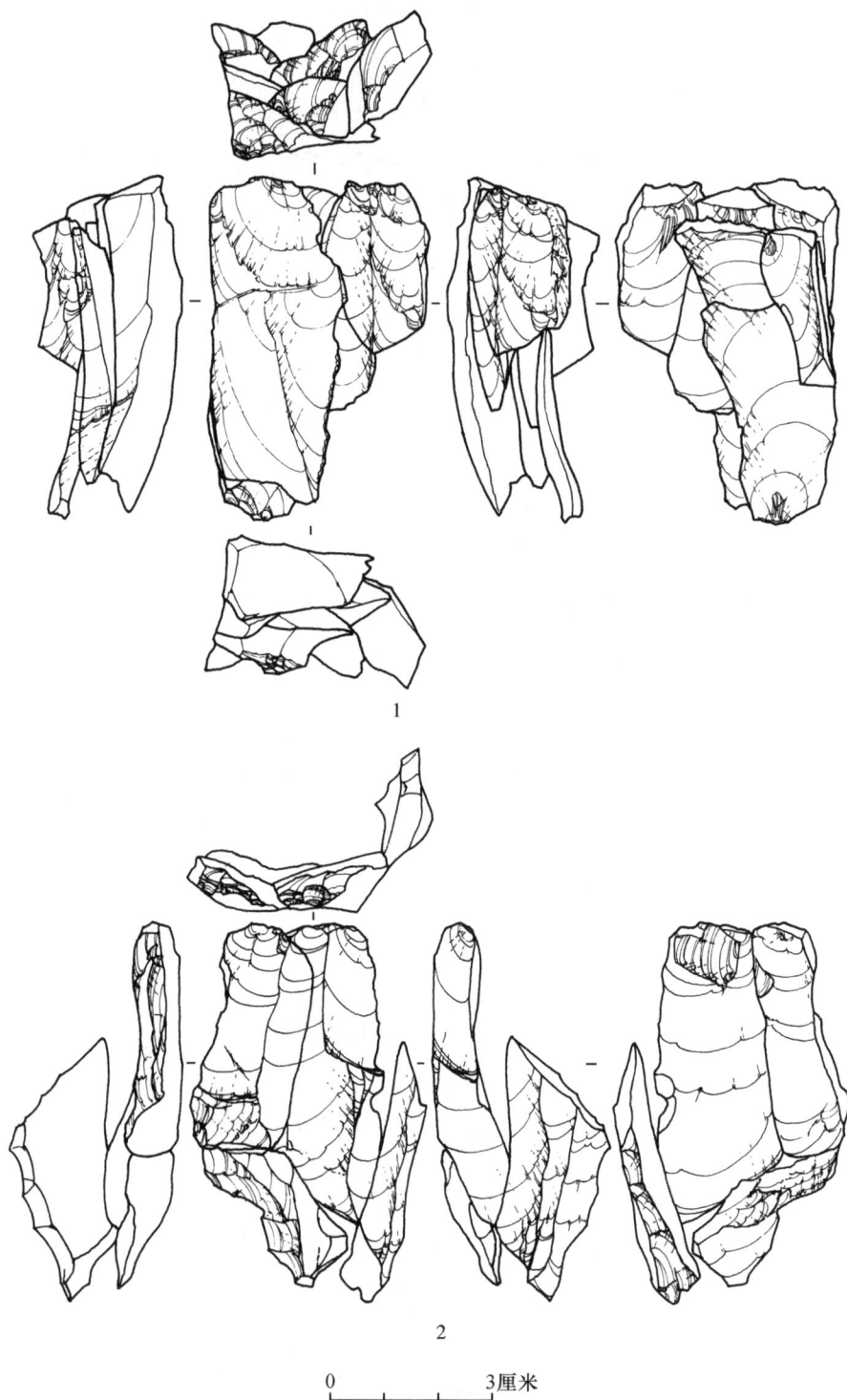

图46　细石叶石核的拼合

1.凝灰岩（发现于打越第 2 地点，先土器，富士见市教育委员会，1976）　2.燧石（发现于鹤ヶ丘，
先土器，田中，1997）

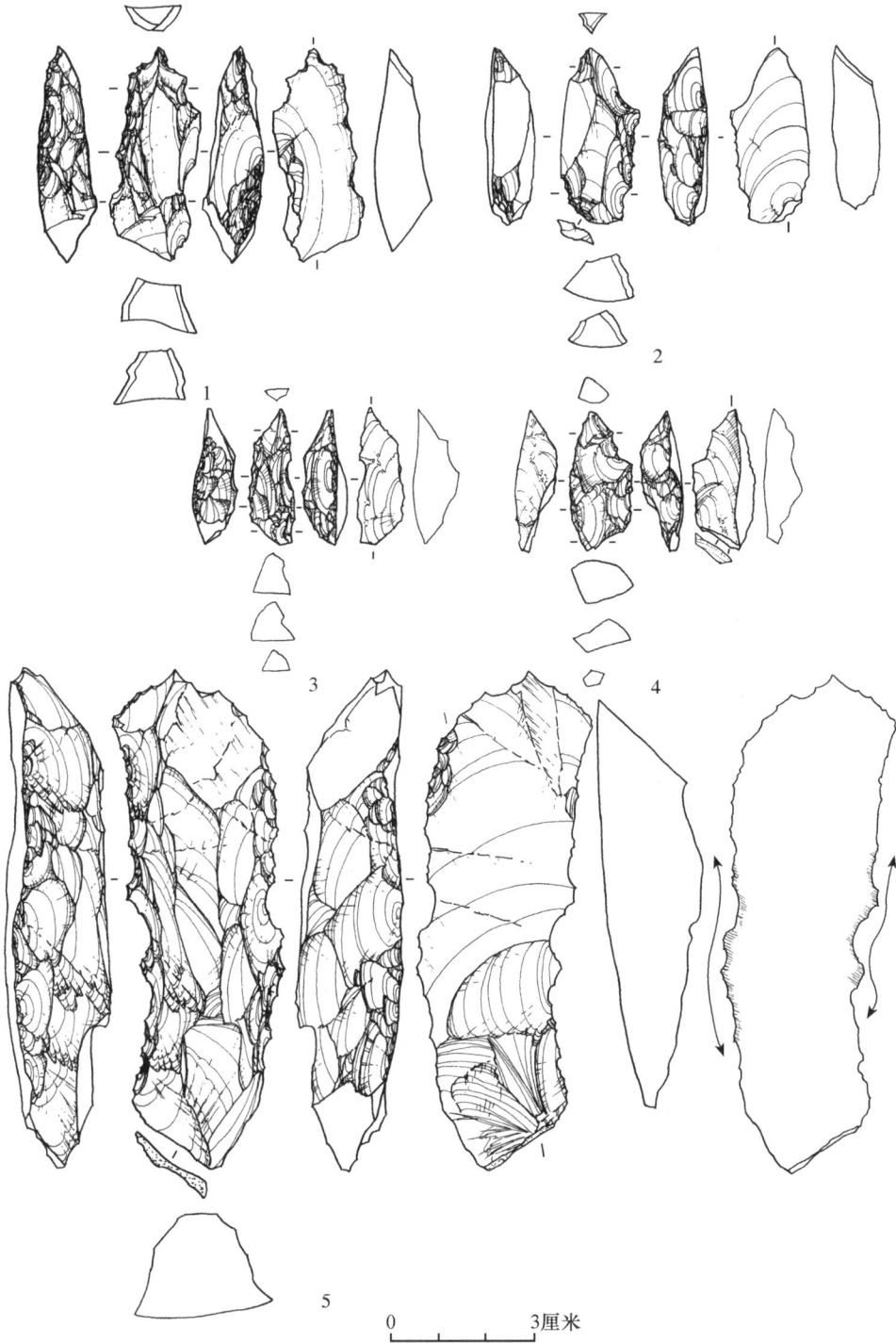

图47　角锥状石器

1. 页岩（发现于户崎前，先土器，埼玉县埋藏文化财调查事业团，1997）　2. 燧石（发现于井沼方马堤，先土器，埼玉县埋藏文化财调查事业团，1984）　3、4. 黑曜石（发现于池田，先土器，新座市教育委员会，1976）

5. 板岩（发现于山室第 2 地点，先土器，富士见市教育委员会，1978b）

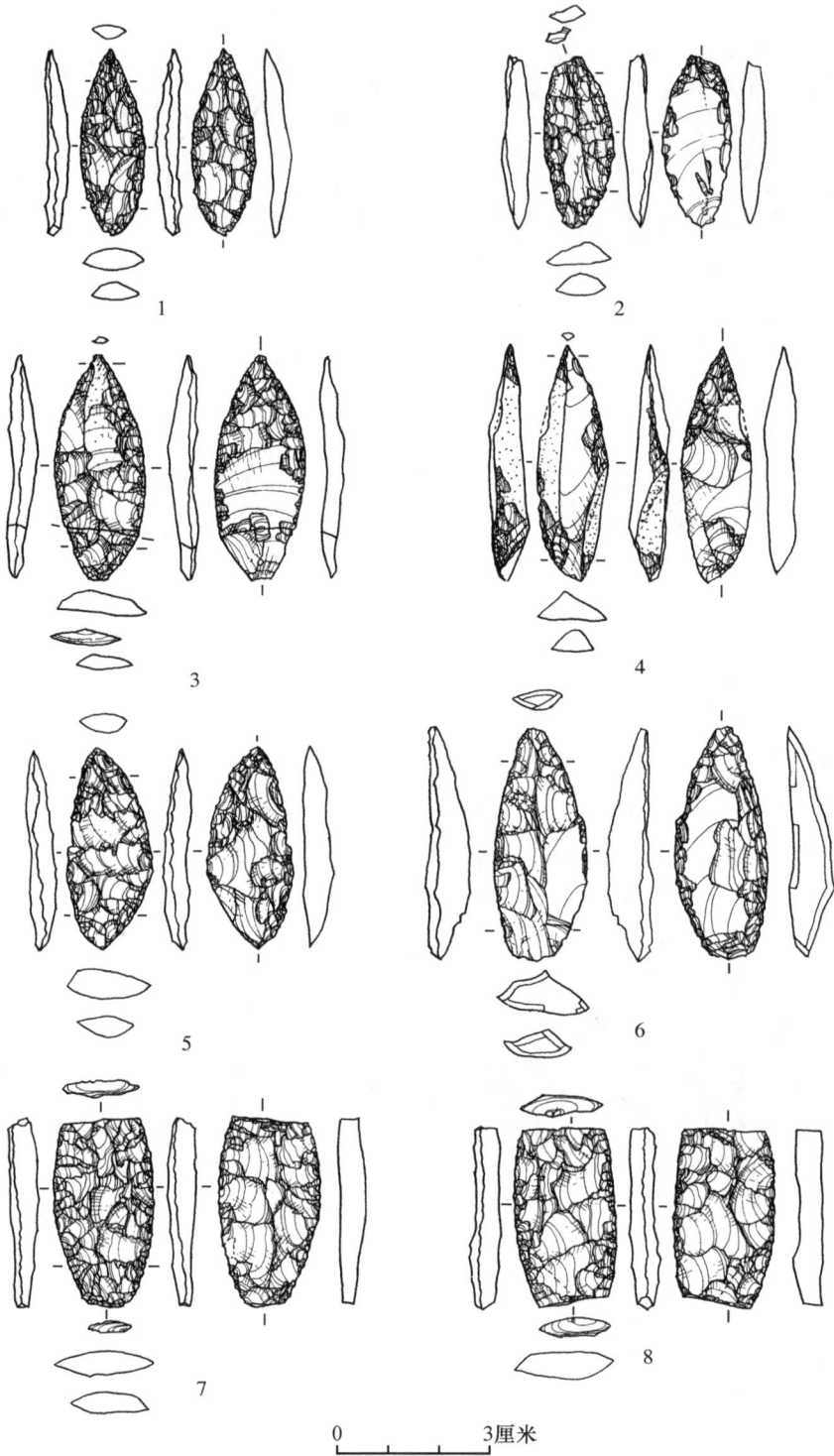

0　　　　　　3厘米

图48　尖刃器

1—5、7、8.黑曜石（发现于横田，先土器，埼玉县埋藏文化财调查事业团，1995b）　6.燧石（发现于埼玉县北，先土器，埼玉县埋藏文化财调查事业团，1987）

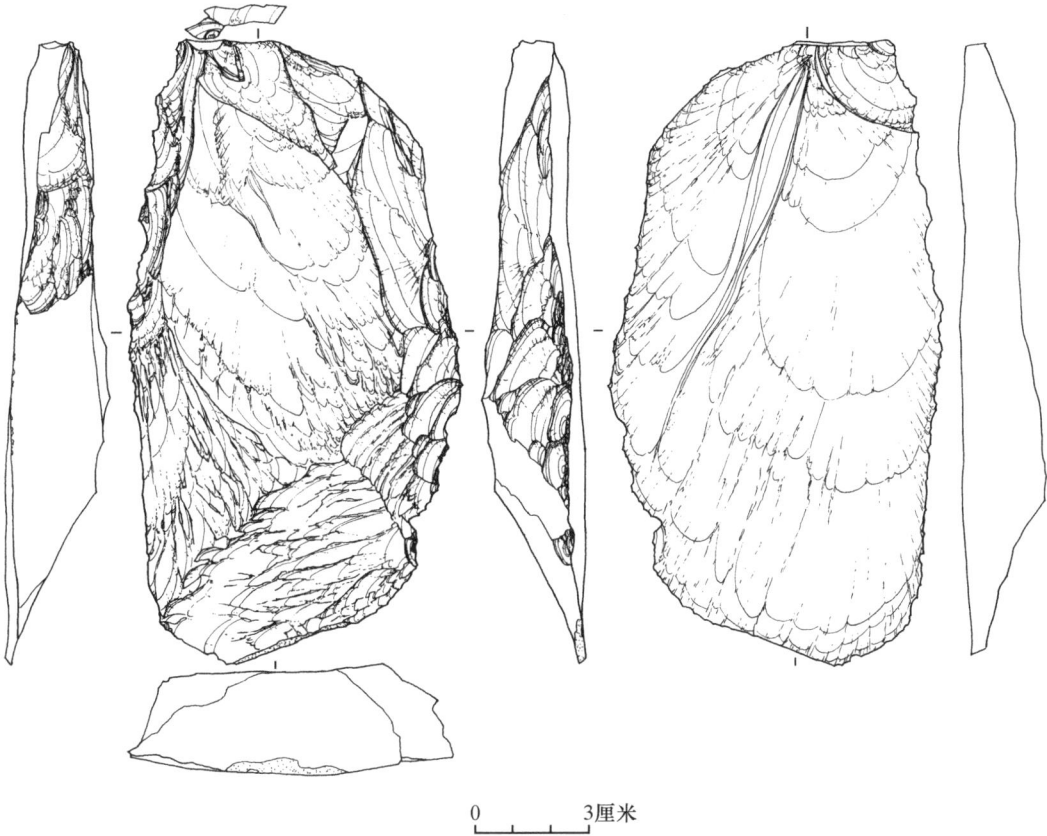

0 ____ 3厘米

图49　打制石斧
黑曜石（发现于横田，先土器，埼玉县埋藏文化财调查事业团，1995b）

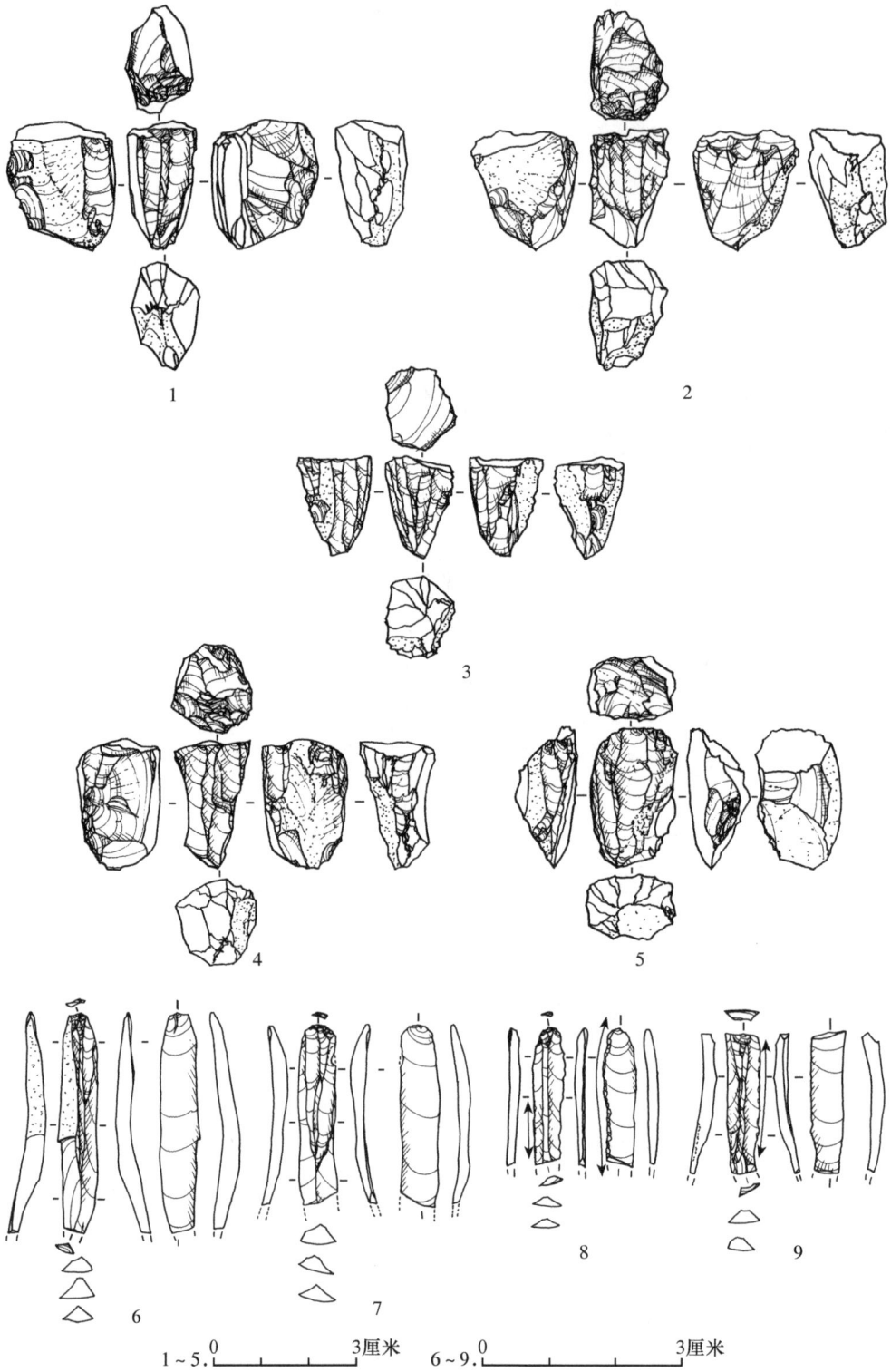

图50　细石叶和细石叶石核

1—9. 黑曜石（发现于横田，先土器，埼玉县埋藏文化财调查事业团，1995b）

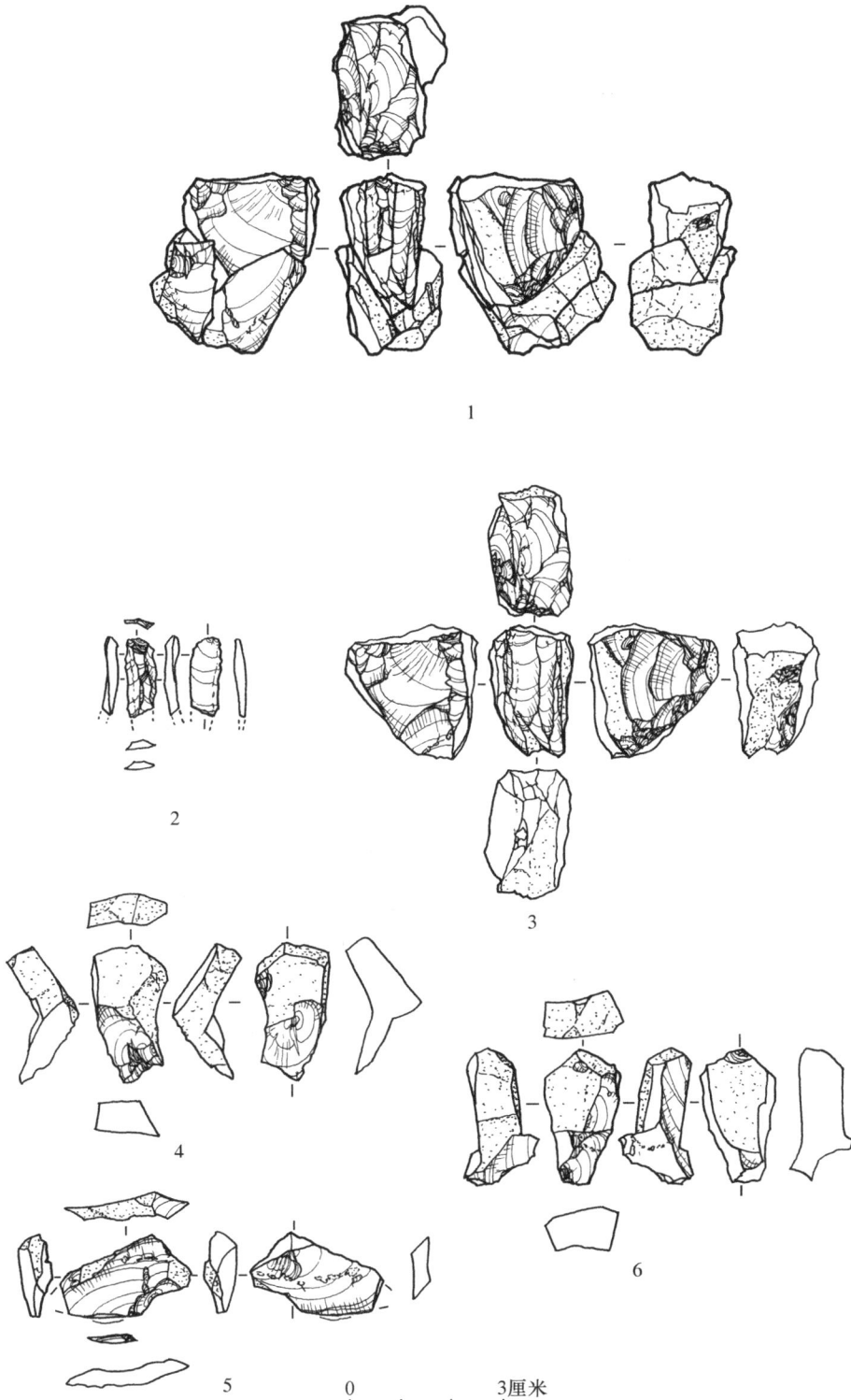

图51　细石叶石核

1—6. 黑曜石（发现于横田，先土器，埼玉县埋藏文化财调查事业团，1995b）

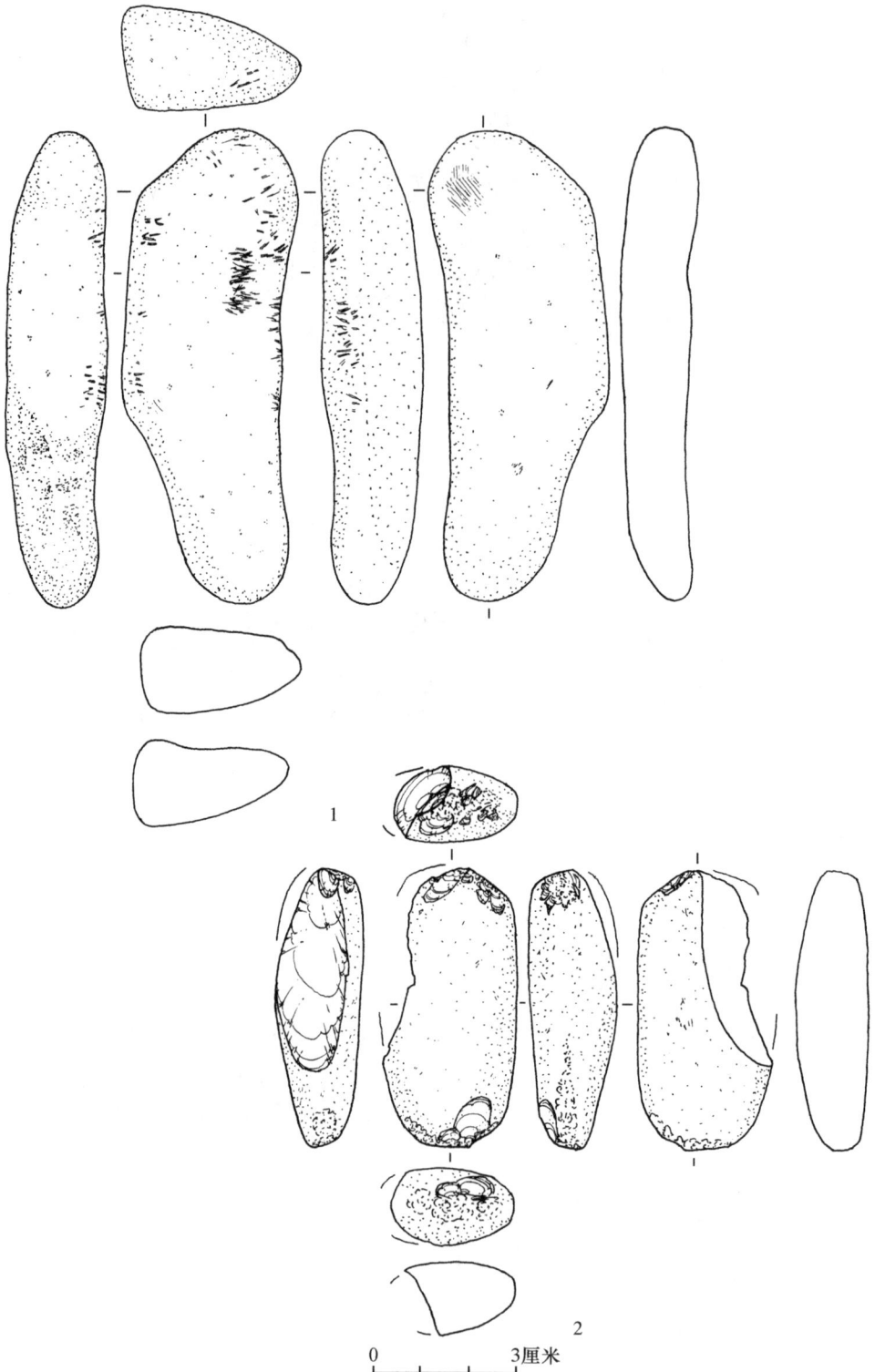

图52　石锤

1、2.板岩（发现于殿山，先土器，石器研究会编，1982）

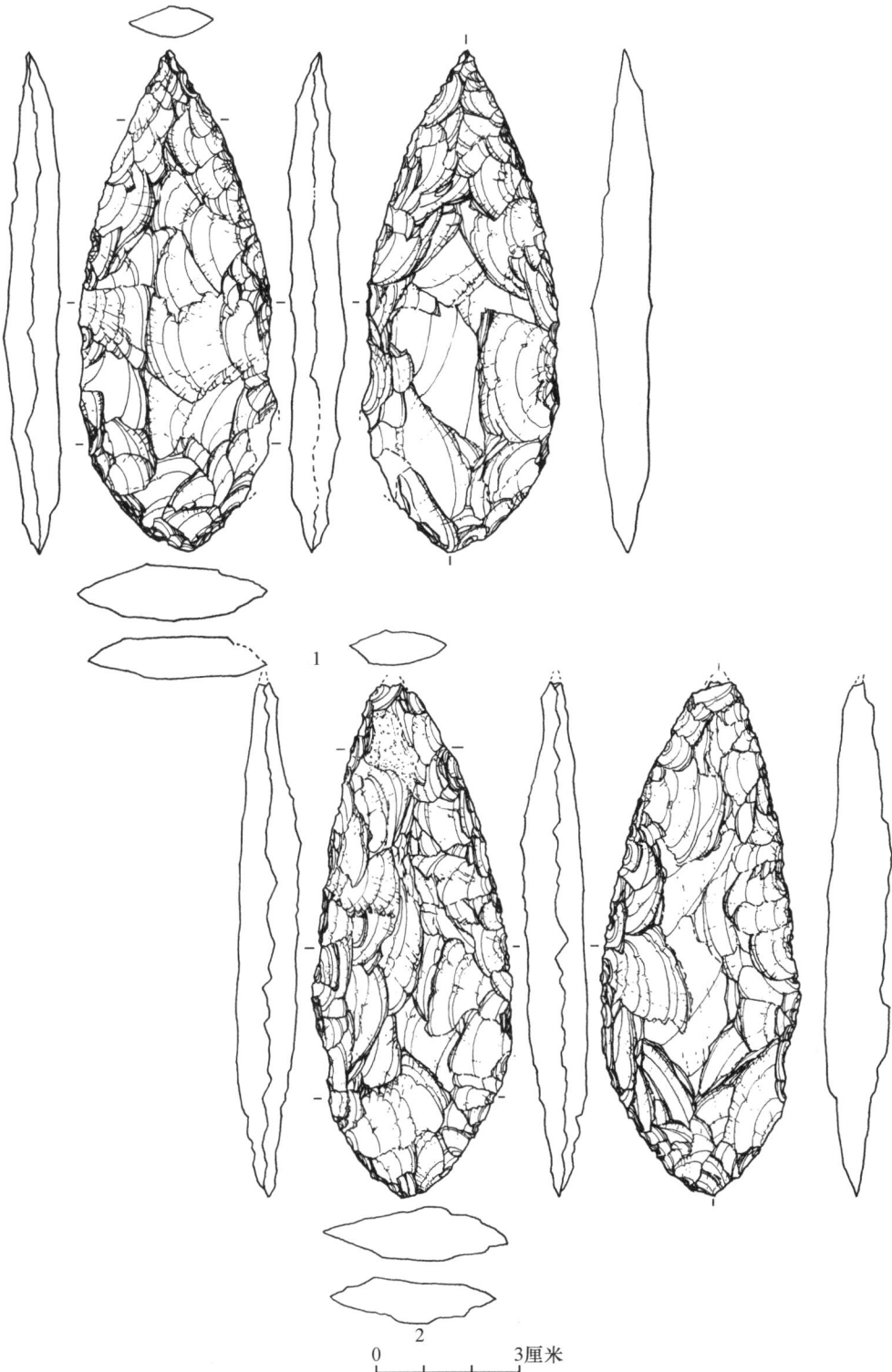

图53　尖刃器

1、2.安山岩（发现于羽沢，先土器，田中，1990）

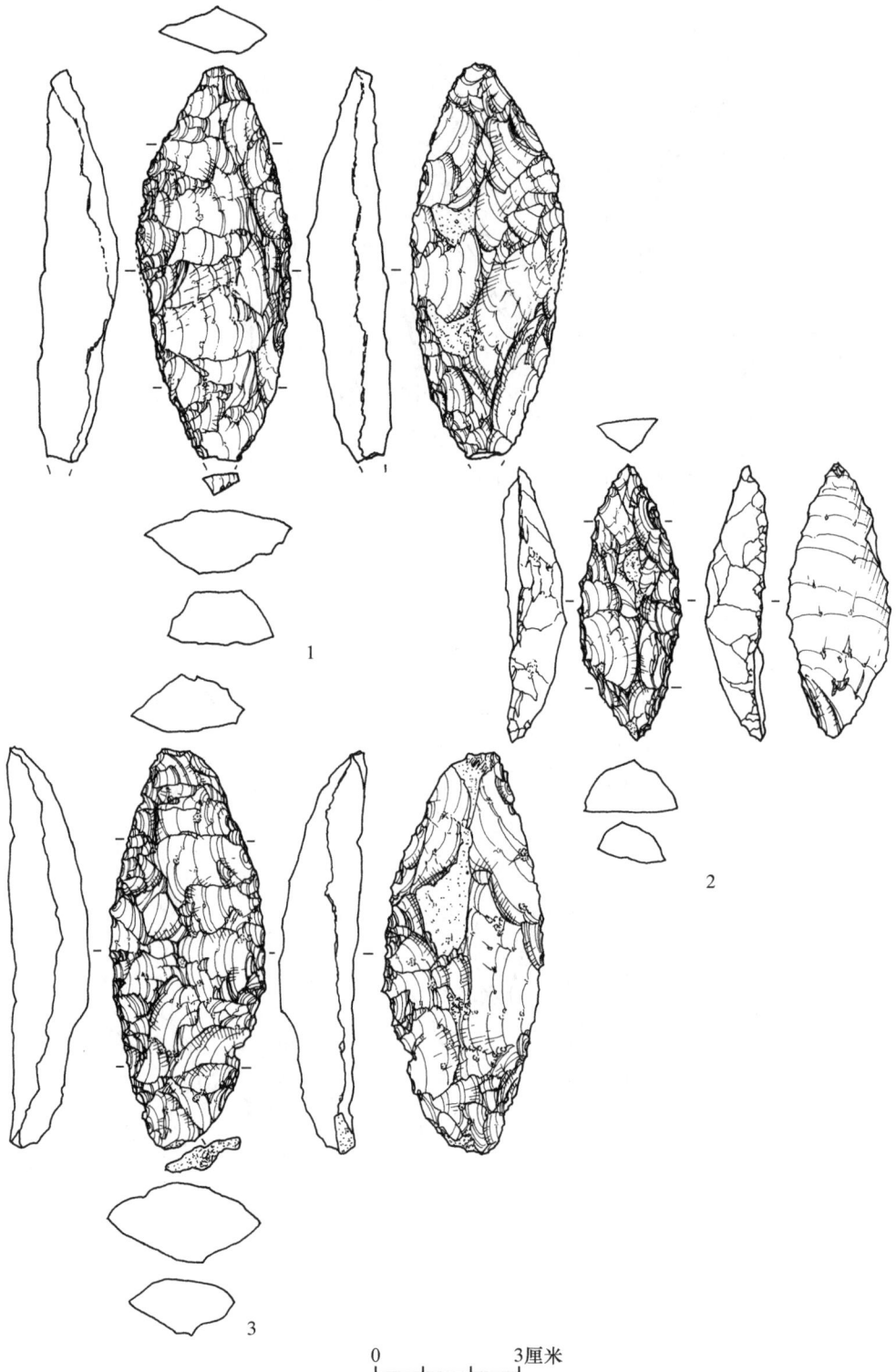

0 _____ 3厘米

图54　尖刃器

1—3. 黑曜石（发现于西大宫バイパス No. 4，先土器，大宫市遗迹调查会，1986）

1

2

0　　　　　　　　　3厘米

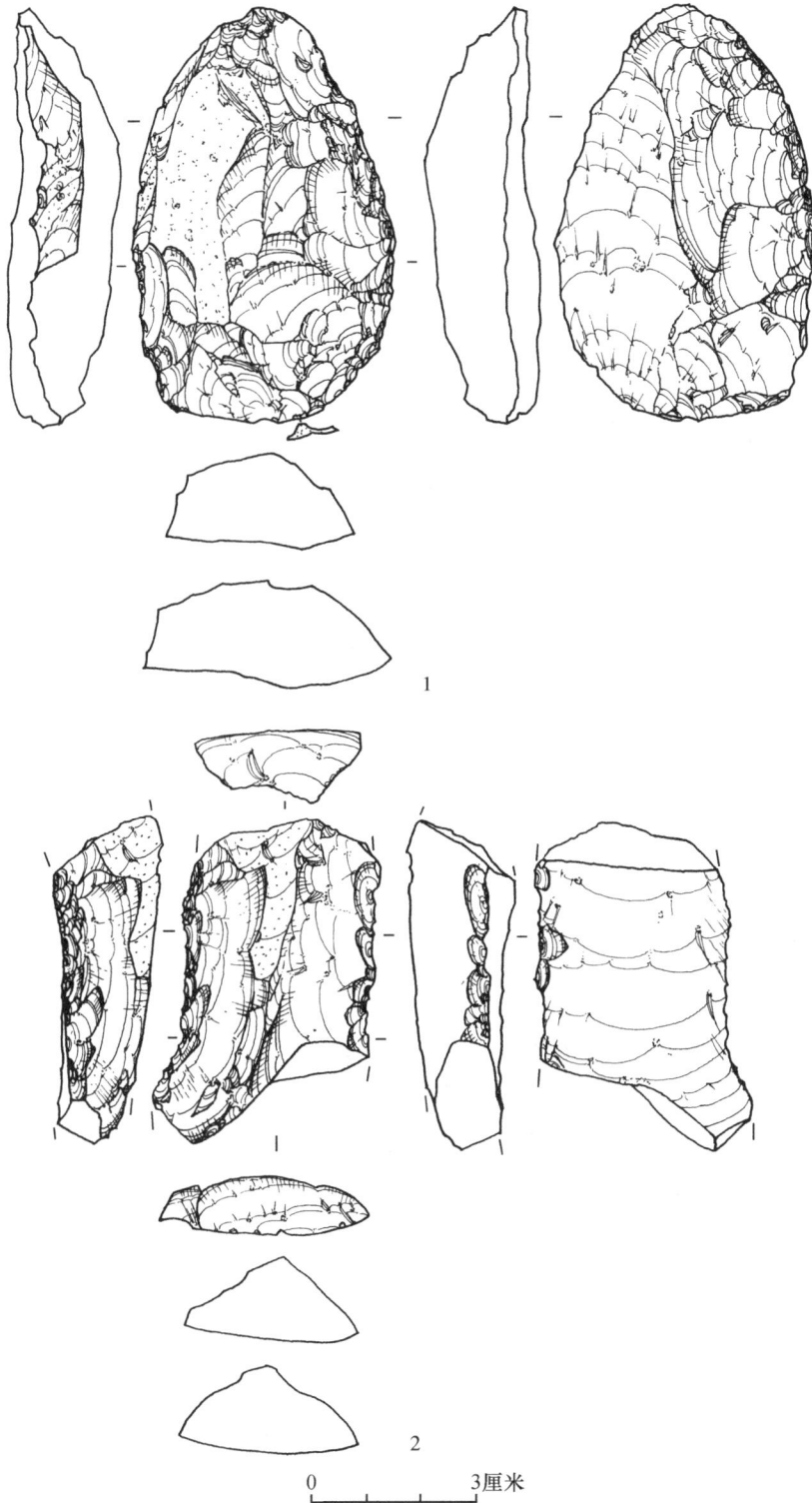

图55　尖刃器和刮削器

1、2. 黑曜石（发现于西大宫バイパス No. 4，先土器，大宫市遗迹调查会，1986）

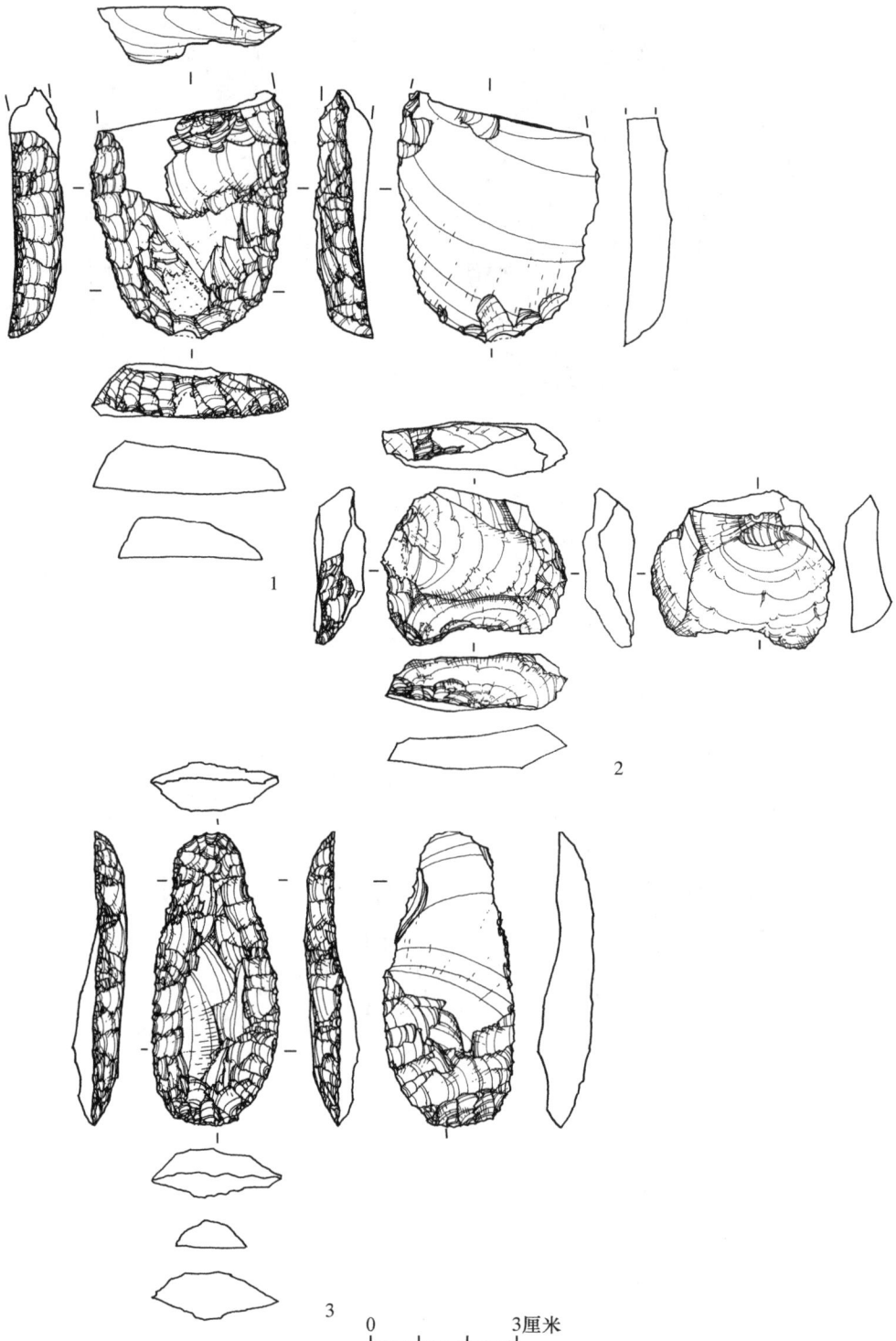

1

2

3

0 _____ 3厘米

图56　刮削器

1、3. 硬质页岩（发现于宫林，绳文草创期，埼玉县埋藏文化财调查事业团，1985）

2. 黑曜石（发现于埼玉县北，先土器，埼玉县埋藏文化财调查事业团，1987）

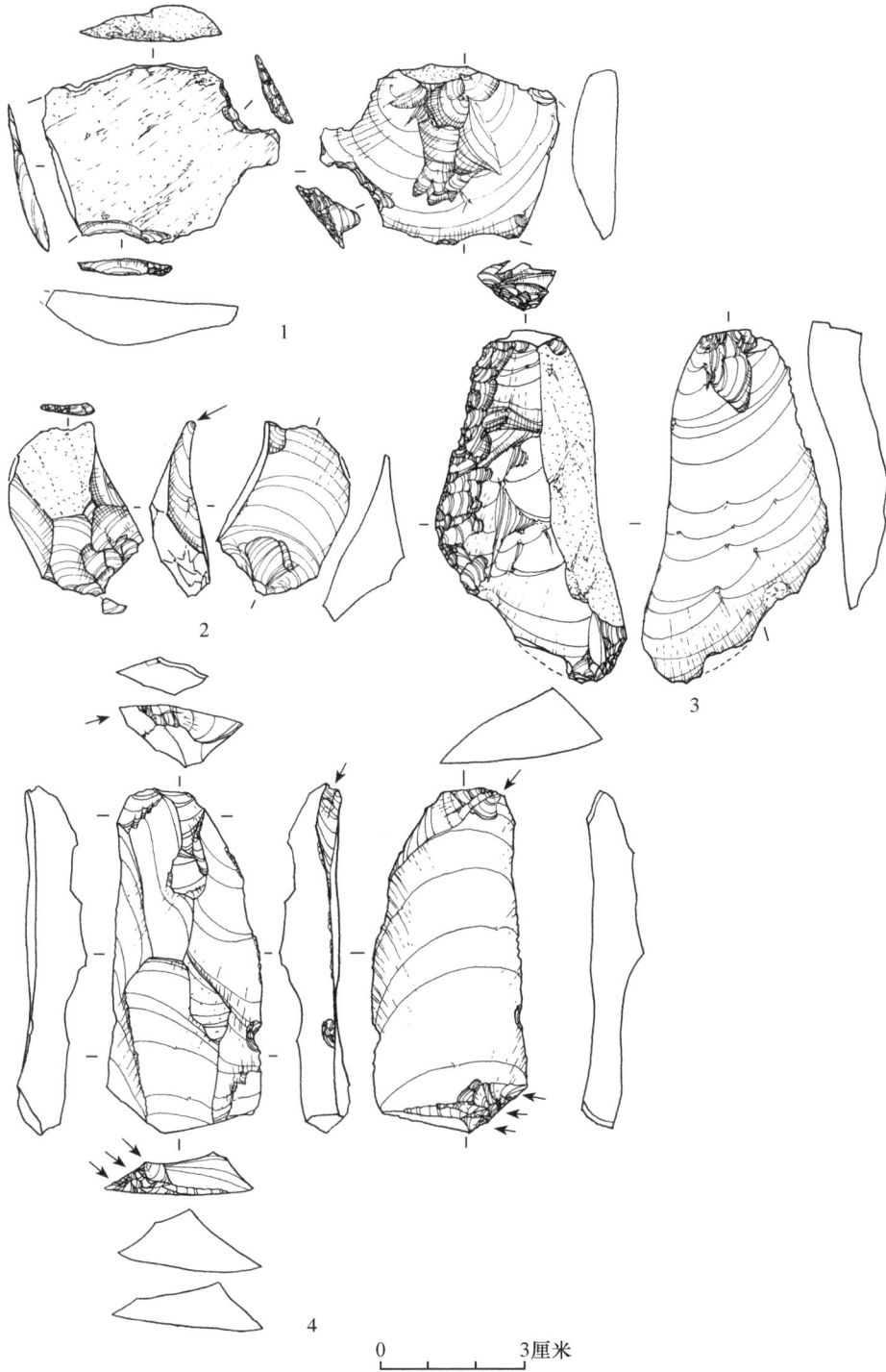

图57　刮削器和雕刻器

1.黑曜石（发现于殿山，先土器，石器研究会编，1982）　2.黑曜石（发现于唐沢，先土器，富士见市遗迹调查会，1979）　3.黑曜石（发现于山室第2地点，先土器，富士见市教育委员会，1978）　4.硬质页岩（发现于明花向A区，先土器，埼玉县埋藏文化财调查事业团，1984）

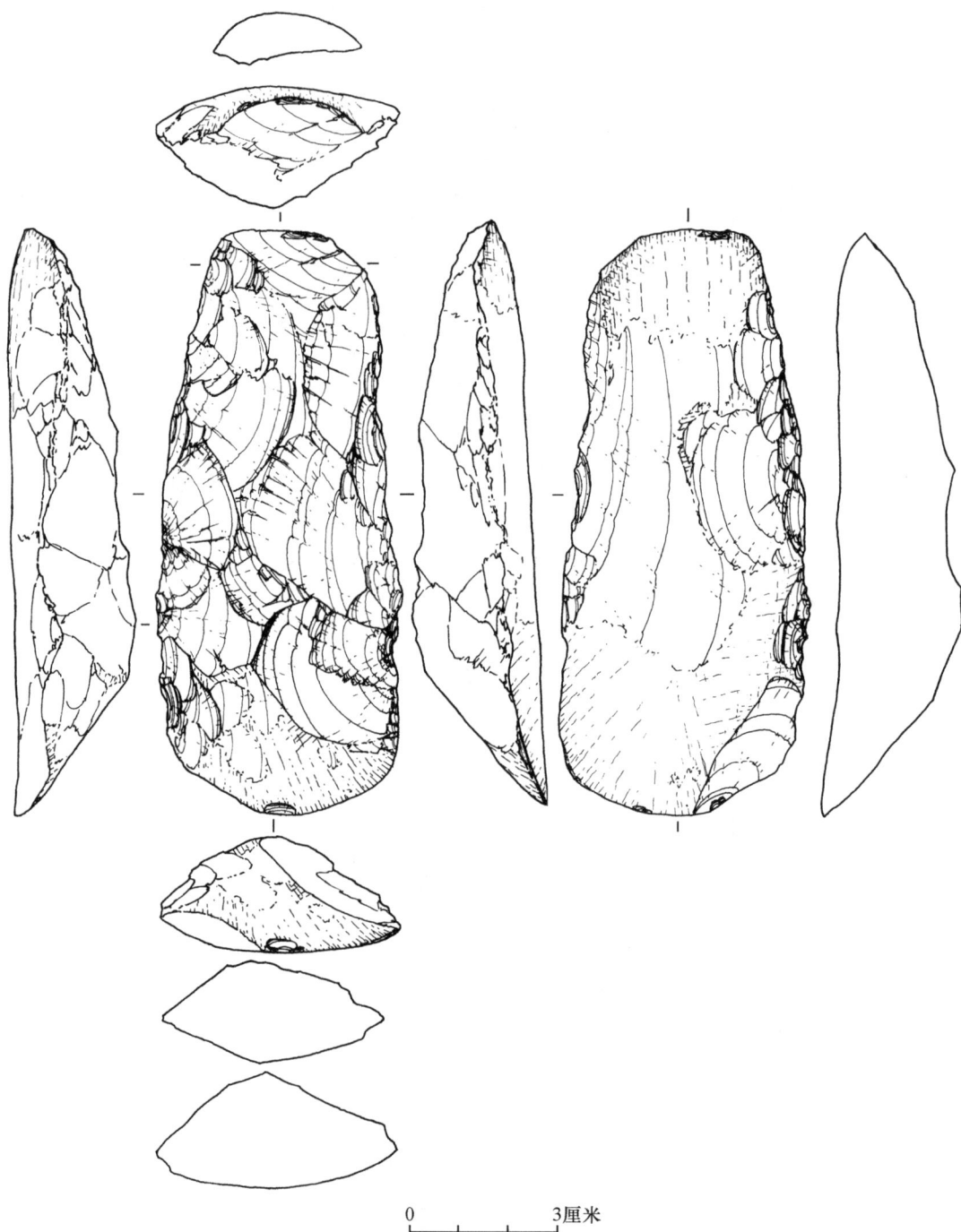

0 —— 3厘米

图58　磨制石斧

角页岩（发现于宫林，绳文草创期，埼玉县埋藏文化财调查事业团，1985）

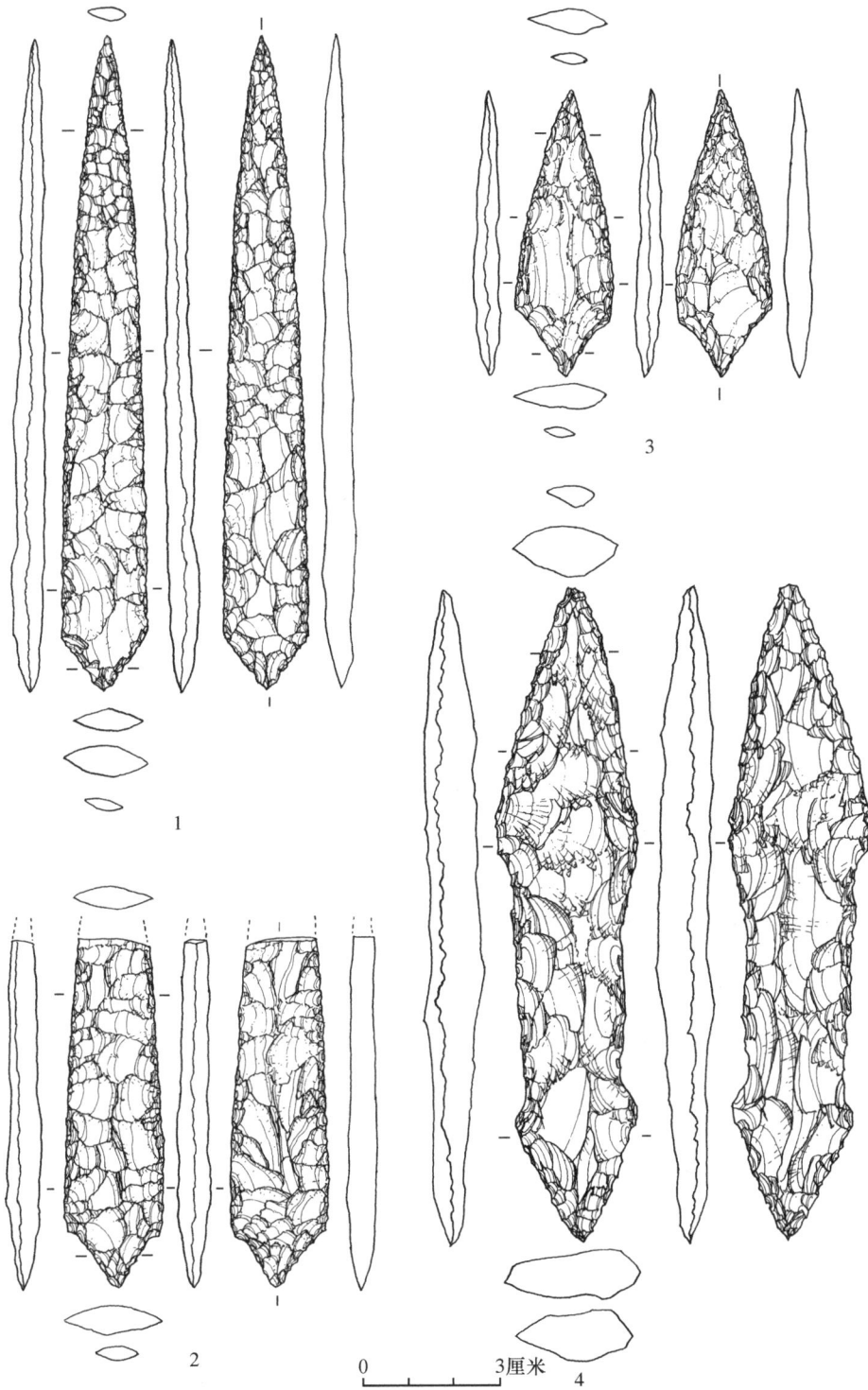

图59 有舌尖头器

1、2.流纹岩（发现于福井县鸣鹿山鹿，绳文草创期，田中，2008） 3.黑色安山岩（发现于福井县鸣鹿
山鹿，绳文草创期，田中，2008） 4.页岩（发现于群马县黑井峰，绳文前期，田中，1995）

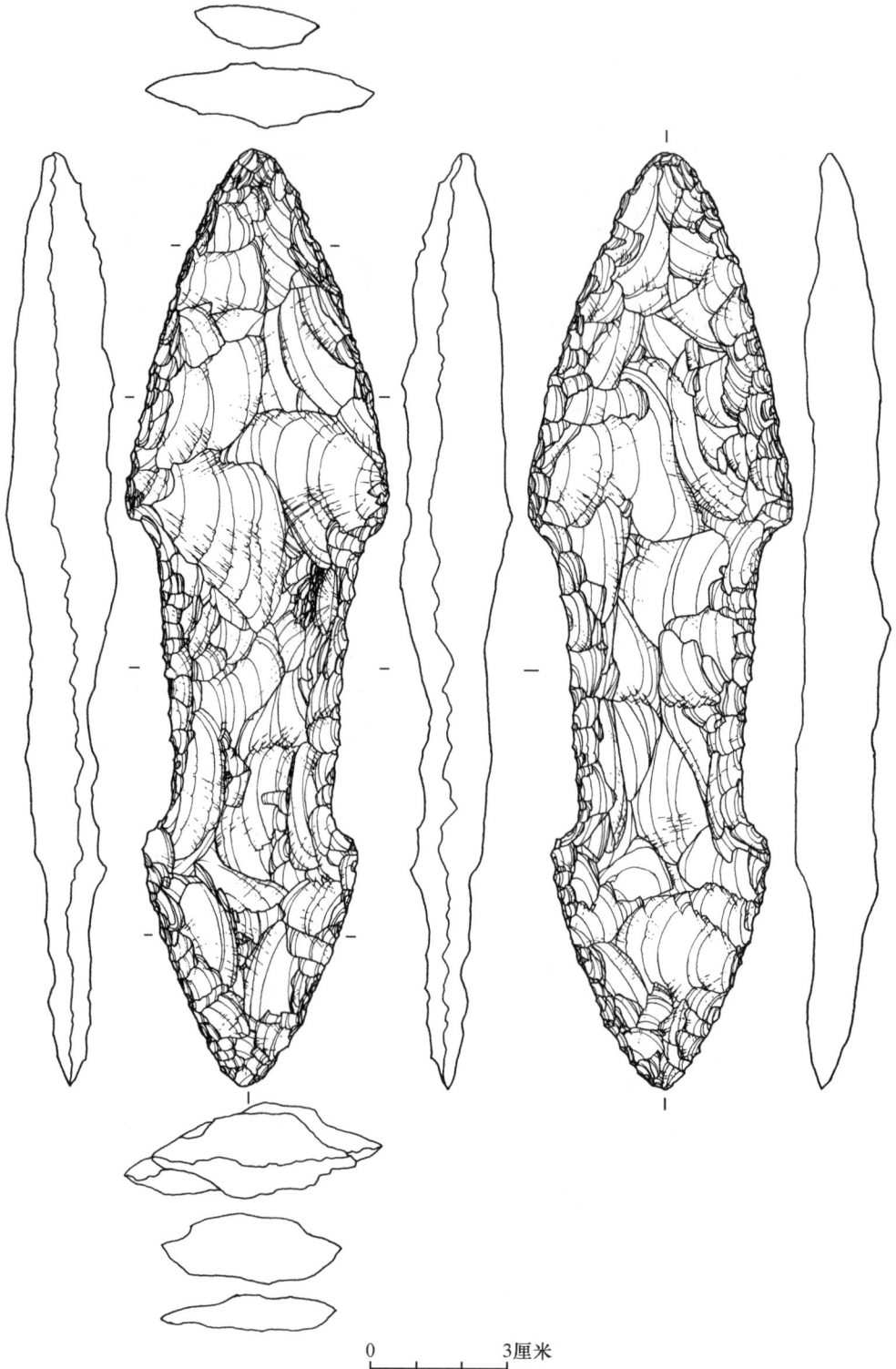

0 |----|----| 3厘米

图60　抉入尖头器

硬质页岩（发现于渡场，绳文前期，田中，1988）

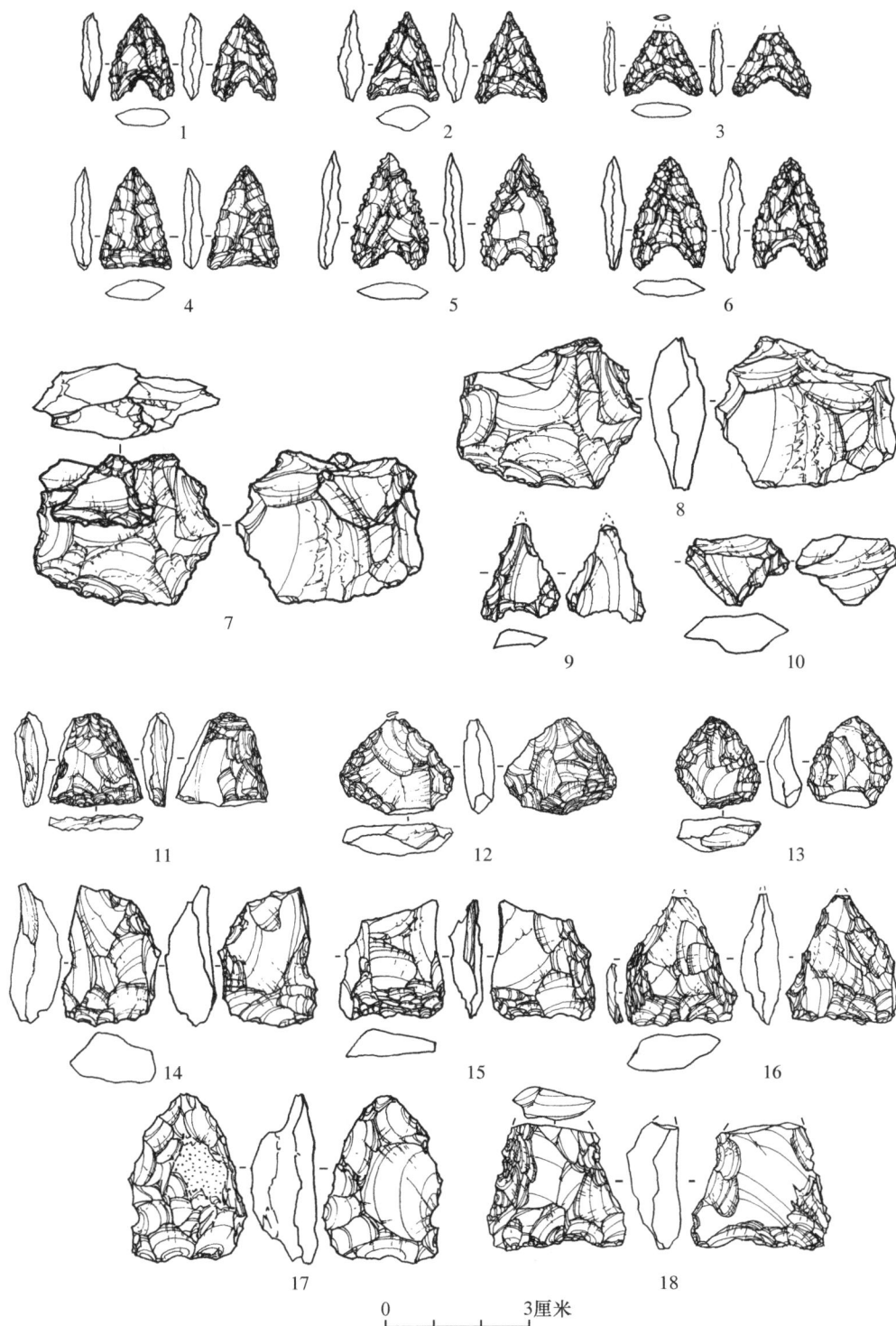

图61　石镞

1—6.燧石（发现于埼玉县北，绳文中期，埼玉县埋藏文化财调查事业团，1987）　7—10.燧石（发现于风旱，绳文中期，庄和町风旱遗迹调查会，1979）　11—18.燧石（发现于足利，绳文中后期，久喜市足利遗迹调查会，1980）

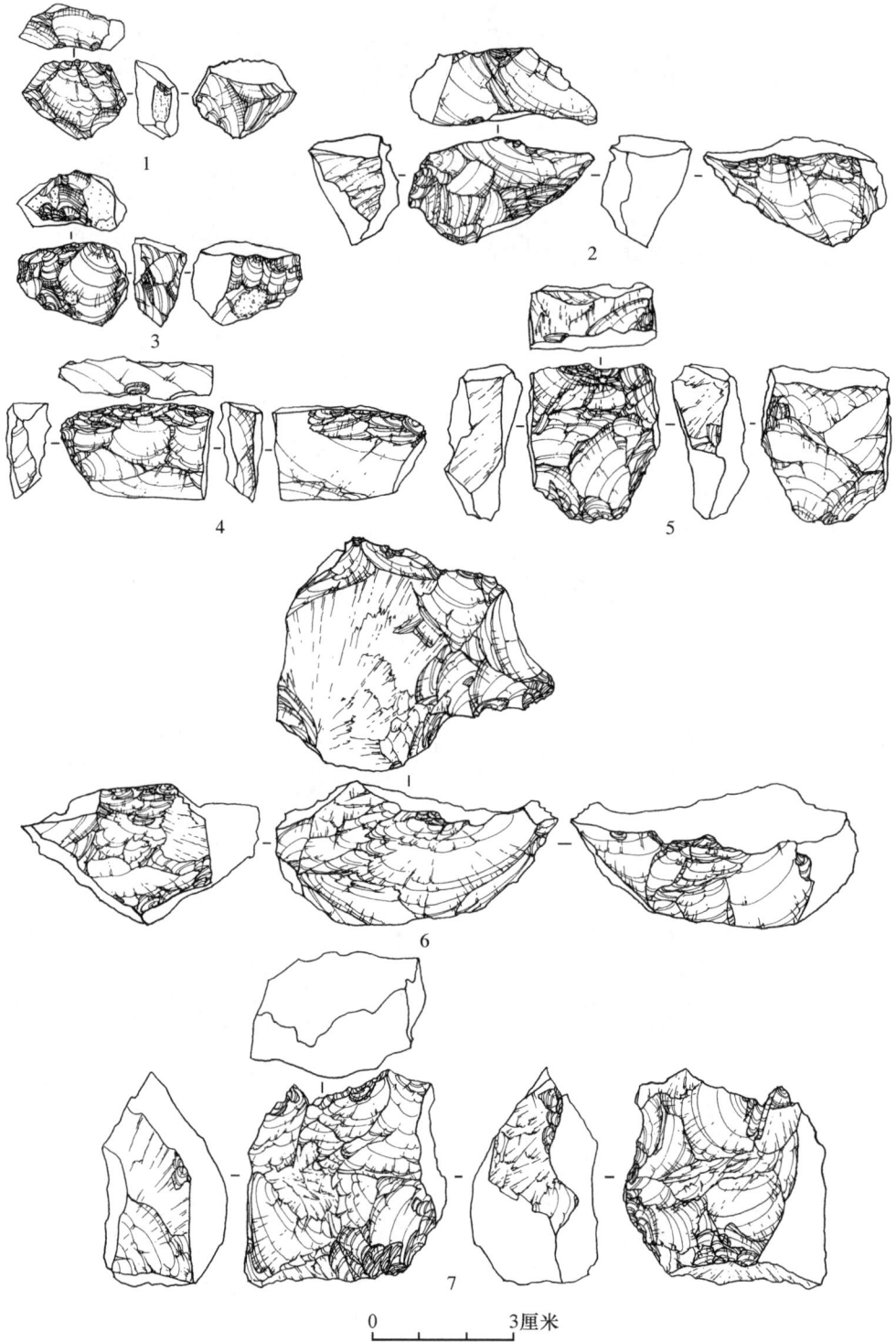

图62　石核

1. 黑曜石（发现于足利，绳文中后期，久喜市足利遗迹调查会，1980）　2—7. 燧石（发现于足利，绳文中后期，久喜市足利遗迹调查会，1980）

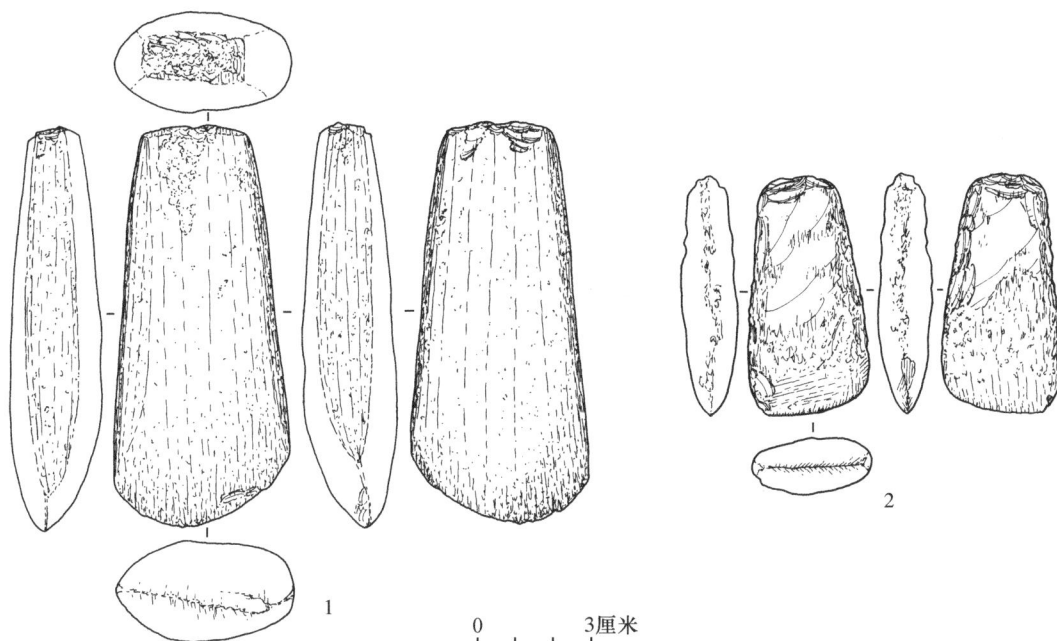

0　　　　3厘米

图63　磨制石斧

1、2.绿泥片岩（发现于埼玉县北，绳文中期，埼玉县埋藏文化财调查事业团，1987）

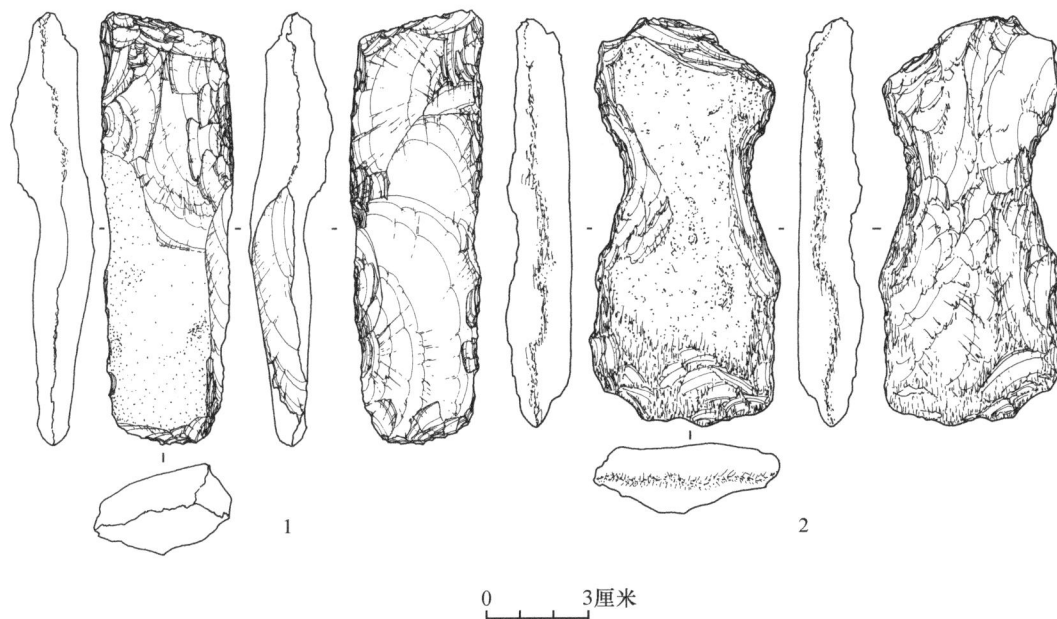

0　　　　3厘米

图64　打制石斧

1.砂岩（发现于埼玉县北，绳文中期，埼玉县埋藏文化财调查事业团，1987）　2.板岩（发现于埼玉县北，

绳文中期，埼玉县埋藏文化财调查事业团，1987）

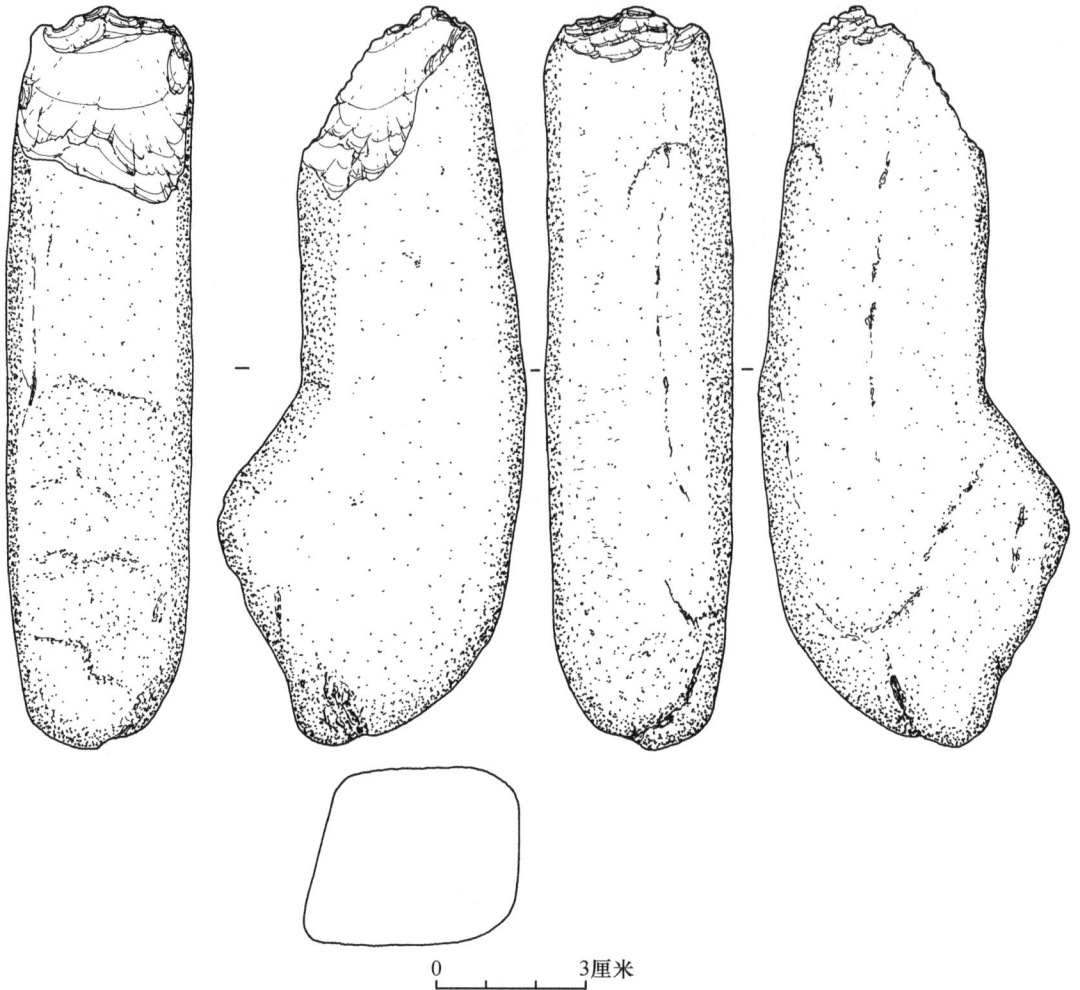

图65　石锤

砂岩（发现于埼玉县北，绳文中期，埼玉县埋藏文化财调查事业团，1987）

第三章　结　　语

石器时代持续了漫长的时间，但即便如此，我们所绘制的对象最终可被分为两类——打制石器和磨制石器。在本书的结尾部分，我附上了自己迄今为止所完成的埼玉县内各遗迹所出土石器的实测图，供大家参考。无论绘制石镞还是勾玉，原理都是一样的。神田孝平的《日本大古石器考》通过正投影图完成了从普通石斧到御物石器的绘制，有力地说明了这一点。

十多年前，我在一所大学里对《日本大古石器考》中的部分石制品进行了实测。这是百年来第一次在各大刊物上对原书中的石版黑曜石石器进行图解。石制品被二次绘制是极为稀有的，这点我也深以为然。然而试着对其进行实测后，我再次惊叹于百年前的实测图之准确性，但同时也观察到了一些在神田时代被忽视的痕迹。由于实测这项工作是由个人来完成的，所以严格来说，能提取出的信息亦取决于绘者自己。因此，最好不要依赖现有的图，而是自己重新实测，但大多数石器别说是二次实测了，被发掘出土后经过水洗和注记就深藏于库中，连初次实测都没有进行。在这种情况下，能够直接接触石制品的绘者责任无疑十分重大。

推动研究工作并不只靠理念的进展。数值也并不能展示“物”的实体。图的存在感丝毫不逊于实物，研究者对其十分敏感。因此，当看到实物时，我们往往会震惊，有些公开发表的图实在太过粗糙。如果不经常磨炼，实际操作就不会进步。这一点研究者自己应比任何人都清楚。贞幹在绘制磨制石斧时加上了侧面图，莫斯在绘制石棒时提取出了破损部，他们的做法传达出了绘制器物时更加深入的视角。

这里，谨以此书献给已故的织笠昭先生。我们皆沉迷于石器，每每思及此处，总会想起我们高中的日子。亲眼看到石器，亲手触摸它，那种感觉是无法形容的。虽然我们的知识有限，但灵敏的触觉似乎能够通过手部皮肤汲取石器的信息，就像干燥的海绵吸收水分一样，并将其积蓄到了我们的体内。也正是在那时，我们拥有了用实物来思考问题的态度，而不是用文字抑或是震撼人心的自然科学数据，这至今仍是我的一种信念。相信于他亦然。织笠昭先生的猝然离世另人痛心，万望本书能表达出他对于石器的一些意志。

在本书的完成过程中，京都大学博物馆的山中一郎先生就欧洲的实测情况为我提出了有益意见。荒井幹夫、西井幸雄两位先生在我收集过去的测量数据时亦给予了慷慨的帮助。在此向他们表示衷心的感谢。

参 考 书 目

穴沢咊光1994a「小林行雄博士の軌跡―感性の考古学者の評伝―」『考古学京都学派』（角田文衞編）雄山閣出版　178―210頁

穴沢咊光1994b「梅原末治論―モノを究めようとした考古学者の偉大と悲惨―」『考古学京都学派』（角田文衞編）雄山閣出版　218―299頁

今井　功1969「雲根志解説」『雲根志』築地書館　527―588頁

ウエイマン，D.G.（蜷川親正訳）1976『エドワード・シルベスター・モース（上・下）』中　央公論美術出版

内田好昭1994「概説『弥生式土器聚成図録』」『考古学史研究』第3号　7―28頁

梅原末治1973『考古学六十年』平凡社

大井晴男1966『野外考古学』東京大学出版会

大野雲外1901『模様のくら-第1集-（石器時代の部）』嵩山堂

大野雲外1906「石斧の形式に就て」『東京人類学会雑誌』東京人類学会　第240号　213―217頁

大野雲外1907「打製石斧の形式に就て」『東京人類学会雑誌』東京人類学会　第250号　132―134頁

大野雲外1910「土偶の形式分類に就て」『東京人類学会雑誌』東京人類学会　第296号　54―60頁

大野雲外1918「骨器の形式分類」『人類学会雑誌』東京人類学会　第33巻第3号　80―86頁

大野雲外1926『遺跡遺物より観たる日本先住民の研究』磯部甲陽堂

大野雲外1930『考古学大観』春陽堂

大場磐雄1948『日本考古学新講』あしかび書房

大宮市遺跡調査会1986『西大宮バイパスNo.4遺跡』

大山　柏1922『琉球伊波貝塚発掘報告』

大山　柏1931『原石文化問題』岩波書店

織笠　昭・小平市鈴木遺跡調査会1981『鈴木遺跡Ⅳ』

角田芳昭1988「『日本大古石器考』資料論考」『考古学叢考（上巻）』吉川弘文館　159―188頁

加藤晋平・鶴丸俊明1980『図録石器の基礎知識Ⅱ―先土器（下）―』柏書房

加藤秀之2002「陰影から線描へ―現代実測図の出自―」『武蔵野考古』武蔵野文化協会
　　No29・30合併号　4―7頁

金関　恕1985「世界の考古学と日本の考古学」『岩波講座日本考古学1―研究の方法―』岩波書店
　　　301―343頁

金子一夫1997「工部美術学校における絵画・彫刻教育」『学問の過去・現在・未来―学問のアル
　　ケオロジー―』東京大学創立百二十周年記念東京大学展図録　166―191頁

神田孝平1886『日本大古石器考』叢書閣

木内石亭1773―1801『雲根志』

Kidder，J. E.・小山修三・小田静夫・白石浩之1970「国際基督教大学構内Loc.28cの先土器文化」
　　『人類学雑誌』日本人類学会　第78巻第2号　140―156頁

清野謙次1944『日本人種論変遷史』小山書店

清野謙次1946『日本民族生成論』日本評論社

清野謙次1954『日本考古学・人類学史（上巻）』岩波書店

久喜市足利遺跡調査会1980『足利遺跡発掘調査報告書』

考古学技術研究会編2001『考古学において実測とは何か』

小林行雄1982「わが心の自叙伝」『神戸新聞』（1983『考古学一路―小林行雄博士著作目録―』
　　再録）

埼玉県埋蔵文化財調査事業団1984『明花向・明花上ノ台・井沼方馬堤・とうのこし』報告書第35集

埼玉県埋蔵文化財調査事業団1985『大林Ⅰ・Ⅱ・宮林・下南原』報告書第50集

埼玉県埋蔵文化財調査事業団1987『北・八幡谷・相野谷』報告書第66集

埼玉県埋蔵文化財調査事業団1995a『向山／上原／向原遺跡』報告書第155集

埼玉県埋蔵文化財調査事業団1995b『横田遺跡』報告書第163集

埼玉県埋蔵文化財調査事業団1997『戸崎前遺跡』報告書第187集

斎藤　忠・浅田芳朗編1976『大野延太郎＋八木奘三郎＋和田千吉』築地書館

斎藤　忠編著1979『日本考古学史資料集成』吉川弘文館

斎藤　忠1984『日本考古学史辞典』東京堂出版

酒詰仲男1951『先史発掘入門』古今書院

佐々木忠次郎・飯島　魁1880「常州陸平介墟報告」『学芸志林』東京大学　第六

佐藤達夫・小林　茂1953「秩父吉丸の石器」『考古学雑誌』日本考古学会　第39巻第3・4号
　　226―233頁

佐原　真1977「大森貝塚百年」『考古学研究』考古学研究会　第24巻第3・4号　19—48頁

佐原　真1988a「日本近代考古学の始まるころ—モース，シーボルト，佐々木忠次郎資料に寄せ
て—」『共同研究モースと日本』（守屋毅編）小学館　247—293頁

佐原　真1988b「モールスから坪井正五郎までの間」『考古学叢考（上巻）』吉川弘文館　845—
873頁

シーボルト，H.V.（吉田正春訳）1879『考古説略』

庄和町風早遺跡調査会1979『風早遺跡発掘調査報告書』

神保小虎1886「鎗石ハ天然ノ物ニ非ズ」『人類学会報告』東京人類学会　第1巻第1号　15頁

新村　出編1998『広辞苑第四版』岩波書店

杉原荘介1953「日本における石器文化の階梯について」『考古学雑誌』日本考古学会　第39巻第
2号21—25頁

杉原荘介1956a「縄文文化以前の石器文化」『日本考古学講座3—縄文文化—』河出書房　1—
42頁

杉原荘介1956b『群馬県岩宿発見の石器文化』明治大学文学部研究報告第一冊

杉原荘介1963「会報」『考古学集刊』東京考古会　第2巻第1号

杉原荘介・大塚初重1955「常総台地における関東ローム層中の石器文化—市川市丸山遺跡につい
て—」『駿台史学』駿台史学会　第5号

杉原荘介・吉田　格・芹沢長介1959「東京都茂呂における関東ローム層中の石器文化」『駿台史
学』駿台史学会　第9号　84—104頁

杉山寿栄男1928『日本原始工芸概説』工芸美術研究会

石器研究会編1982『殿山遺跡』上尾市教育委員会

高井戸東遺跡調査会1977『高井戸東遺跡』

滝沢　浩1964「埼玉県市場坂遺跡—関東地方におけるナイフ形石器文化の一様相—」『埼玉考
古』埼玉

考古学会　復刊第2号　39—56頁

田中英司1988「小岩井渡場遺跡出土の抉入尖頭器」『考古学雑誌』日本考古学会　第74巻第2号
89—96頁

田中英司1990「木葉形尖頭器のデポ—富士見市羽沢遺跡—」『富士見市遺跡調査会紀要』富士見
市遺跡調査会6　21—24頁

田中英司1991「観察と記録—石器実測図の生成—」『埼玉考古学論集』埼玉県埋蔵文化財調査事
業団1—37頁

田中英司1995「抉入意匠の石器文化」『物質文化』物質文化研究会　第59号　16—52頁

田中英司1997「川越市鶴ヶ丘遺跡Ｃ区の石器群」『埼玉県埋蔵文化財調査事業団研究紀要』埼玉県埋蔵文化財調査事業団　第13号　1—13頁

田中英司2001「岩宿の先土器・無土器・旧石器」『歴史評論』歴史科学協議会　No.615　31—35頁

田中英司2008「新たに発見された鳴鹿山鹿の「献納石鏃」」『特別展埋められた財宝』展示図録　山梨県立考古博物館　67—72頁

田中英司2012「石器文様論」『千葉大学文学部考古学研究室30周年記念考古学論攷Ⅰ』179—204頁

東京都大森貝塚保存会編1967『大森貝塚』中央公論美術出版

藤　貞幹1775『好古小録』

ティクシェ，J・イニザン，M.-L.・ロッシュ，H.（大沼克彦・西秋良宏・鈴木美保訳）1998『石器研究入門』クバプロ

戸沢充則1958「長野県八島遺跡に於ける石器群の研究」『駿台史学』駿台史学会866—897頁

戸沢充則1968「埼玉県砂川遺跡の石器文化」『考古学集刊』東京考古学会第4巻第1号1—42頁都立府中病院内遺跡調査会1984『武蔵台Ⅰ遺跡—武蔵国分寺跡西方地区の調査—』

中村孝三郎1960『小瀬が沢洞窟』長岡市立科学博物館研究調査報告三中谷治宇二郎1929『日本石器時代提要』岡書院

中谷治宇二郎1935『日本先史学序史』岩波書店

中谷治宇二郎（梅原末治校）1943『校訂日本石器時代提要』養徳社新座市教育委員会1976『池田遺跡発掘調査報告書』

日本印刷学会編1958『印刷事典』

日本規格協会（佐藤豪編）1984『製図マニュアル基本編』

初鹿野博之・山崎真治・佐宗亜衣子・諏訪元2009「東京大学総合研究博物館人類先史部門所蔵大森貝塚出土標本—第1部解説・写真図版—」『東京大学総合研究博物館標本資料報告』No.79東京大学総合研究博物館

浜田耕作1918『河内国府石器時代遺跡』京都帝国大学考古学研究報告第二冊

浜田耕作1922『通論考古学』大鐙閣

比企　忠1896「信濃国ゲンノー石」『地質学雑誌』日本地質学会第4巻第40号139—141頁

樋口清之1927「実験的考古学研究法」『考古学雑誌』日本考古学会第17巻第3号51—63頁

平木政次1936『明治初期洋画壇回顧』日本エッチング研究所出版部（湖北社2001『近代日本学芸

資料叢書第17輯』復刻）

広瀬繁明1994「日本考古学の主導者―ペトリーから浜田耕作が受け継いだもの―」『考古学史研究』京都木曜クラブ第3号73―86頁

富士見市教育委員会1976『富士見市文化財報告XI』富士見市教育委員会1977『富士見市文化財報告XⅢ』

富士見市教育委員会1978a『打越遺跡』文化財調査報告第14集

富士見市教育委員会1978b「山室遺跡第2地点」『富士見市中央遺跡群I』文化財調査報告第15集　富士見市遺跡調査会1979a『唐沢遺跡』遺跡調査会調査報告第1集

富士見市遺跡調査会1979b『松ノ木遺跡第1地点』遺跡調査会調査報告第2集文化庁文化財部記念物課2010『発掘調査のてびき―整理・報告書編―』

松沢亜生1959「石器研究におけるテクノロジーの一方向」『考古学手帖』7　1―2頁

松沢亜生1960a「石器研究におけるテクノロジーの一方向（Ⅱ）」『考古学手帖』12　1―4頁

松沢亜生1960b「長野県諏訪・北踊場石器群―特に製作工程の分析を中心として―」『第四紀研究』日本第四紀学会第1巻第7号　263―273頁

まつばらさかえ1884「しなの十二ざわのやりいし」『じんるいがくだい―よりあいのかきとめ』つぼいしょうごろうあつめしるす

明治大学考古学研究室・月見野遺跡調査団1969『概報月見野遺跡群』

モールス，エドワルド・エス（矢田部良吉訳）1879『大森介墟古物編』東京大学　理科会粋第一帙

モース，E.S.（石川欣一訳）1970『日本その日その日（1・2・3）』平凡社

モース，E.S.（近藤義郎・佐原真編訳）1983『大森貝塚―付関連史料―』岩波書店

森本六爾・小林行雄編1938・1939『弥生式土器聚成図録』東京考古学会

山内清男1936「座談会（江上波夫・後藤守一・山内清男・八幡一郎・甲野勇）―日本石器文化の源流と下限を語る―」『ミネルヴァ』翰林書房創刊号34―46頁

横山由清1871『尚古図録』青山堂

吉崎昌一1959「北海道白滝村Loc.30の石器群」『考古学手帖』6　2―3頁

吉田格1952「東京都国分寺町熊ノ郷，殿ヶ谷戸遺跡―南関東地方縄文文化以前の研究I―」『考古学雑誌』日本考古学会第38巻第2号23―30頁

早稲田大学総合人文科学研究センター2016『シンポジウム予稿集3D考古学の挑戦―考古遺物・遺構の三次元計測における研究の現状と課題―』

Addington, L. R.(1986) Lithic Illustration, Drawing Flaked Stone Artifacts for Publication, The University of Chicago Press, Chicago and London.

Davois, M. and Fanlac, P.(1976) Precis de Dessin, Dynamique et Structural des Industries, Lithiques Prehistoriqus.

Iijima, I and Sasaki, C.(1883) Okadaira Shell Mound at Hitachi, Being an Appendix to Memoir Vol. I. Part I. of the Science Department, Tôkiô Daigaku.

Kanda, T.(1884) Note On Ancient Stone Implments, & c., of Japan, Tokio.

Lubbock, S. J.(1869) Pre-historic Times, as Illustrated by Ancient Remains, and the Manners and Customs of Modern Savages, 2nd Edition, London.

Morse, E. S.(1879) Shell Mounds of Omori, Memoirs of the Science Department, University of Tokio, Japan, Vol I, PartI, Tokio, Japan.

Morse, E. S.(1917) Japan Day by Day, Houghton Mifflin Co, Boston & New York.

Petrie, W. M. F.(1904) Methods & Aims in Archaeology, Macmillan and Co, London. Siebold, H. V.(1879) Note on Japanese Archaeology, with Especial Reference to the Stone Age, Yokohama.

Tanaka, H.(2018) Study of the Measured Drawings of the "Shell Mounds of Omori" The University Museum, The University of Tokyo, Bulletin No. 49.

后　记

　　万万没想到这本据说刊印量寥寥可数的旧著能够再版。然而当今社会能有对专业实用技能书籍的需要，是比什么都让人高兴的现象。当日本旧石器造假事件被揭露出来时，我遭到了巨大的冲击，实在坐立难安，旧著正是于这样的情形下动笔，现在尝试着再读一遍，发现仍存在着许多问题需要改善。立足于这个宗旨，本书再度从实用技能的角度出发，进行修订。

　　旧著中所讲并不是处理复杂工作的简单方法。不过是我作为研究者，基于长期进行实测的经验，介绍自己绘图的原则罢了。在旧著出版后收到的意见中，也不乏有建议我有效利用数字技术的内容。通过先进的设备和绘画软件，确实可以立刻得到客观、精确的图像，那本书为何没有涉及这种便利的方法呢？若在必要之时，我也会使用设备和软件，但实测不仅仅是图像处理。

　　如与最前沿先进的机器作比，用铅笔和两脚规画出的图确实会产生误差，也容易陷入所谓的主观之中。但在实测中，重要的是该行为的过程，图只不过是结果而已。用机器代替这个重要的过程，便是本末倒置了。

　　现代人往往偏向于视觉断"物"。今天，有可以呈现3D高清图像的显示器，也有由此而来的图。明明已拥有最新技术来支持眼前事实，究竟还有什么别的原因让我坚持实测呢？实测可以说是把对"物"的记忆刻到脑海中的工作，视觉不过仅是它的一部分而已。当拿起黑曜岩质石器时，指尖感受到的锐利触感；当触摸安山岩质石器时，耳边听到的或粗糙或干裂或沙沙作响的微弱声音；当凑近放大镜观察石器时，流入鼻腔中像发霉一样的气味，这些在画图时磨砺五感的种种行为，全部都与对"物"的认识有关。也许有人会称其为错觉，但这确实是实际感受的。

　　我于高中之时习得了实测，教导我的是社会科教员小田静夫老师，彼时的老师在石器研究中刚刚崭露头角。老师在周六半休日的下午经常带着我们考古学系的学生去遗址参观。有一次，在去往遗址的途中，老师突然蹲下身子，于碎石遍布的农道上平静地挑出了石器。这仿佛是魔法降临一般的景象。在这样的环境中，老师到底是如何区分辨别石制品和天然石头的？

对于一个完全不适合学校学习的高中生来说，从打击石头这种单纯得令人吃惊的动作中产生出的古代工具，是相当有魅力的玩伴。我每天都会挑选一两件石器，忘我地反复实测。石制品的库存很快见底，我不得不每天忙于采集，某天，我正向炉埚台地走着，身体却突然停下了，就像是接收到了大脑中发出的指令一样。我将直视前方的目光移到脚下，捏起一块从泥中露出的石制品，发现它毫无疑问是安山岩质的刮削器。其黑色表面已经因风化变得发白，这可不是石子路上的普通石头。而连我自己也吃惊的是，我就那样理所应当一般把它取了出来。所谓"看穿石器"的说法有些奇怪，但是对于知识储备甚少的高中生来说，这确实是我的实际感受。显然，感官是由实测自然地锻炼、培养的。我作为研究者，自然也是如此。

2011年3月的地震让我们所有人都开始质疑我们的生活方式。先进的数字化社会在灾害中不复存在，受灾地区的惨状自不用说，即便是在首都圈，即使已是21世纪，居民们也是抱着热水袋在轮番停电中度过了那段日子的。虽然数字化仍在蓬勃发展，但是我反而感觉到越来越多的人想要脚踏实地生活。我相信，对这本书感兴趣的读者，也一定会再次面对真实的事物，并想要通过可靠的措施把握其内在信息。本书如果对怀有如此理想的各位哪怕有一点微小用处的话，我就感到无比幸福了。

关于大森贝塚出土遗物的绘图分析，以诹访元老师为首的东京大学综合研究博物馆寄予了我很大关照。在本书编写的过程中，有幸得到了西井幸雄先生的帮助。初版和再版时分别承蒙雄山阁的宫岛了城先生和羽佐田真一先生的照顾。对大家的帮助，我不胜感激。这次卷末的图也将范围扩大到了埼玉县以外。如果在技术上有一定难度的尖状器，达到了鸣鹿山鹿的水平，远古的制作者也肯定会为得意之作满意地挺起胸膛。因为传达器物的形式之美也是实测图的功能之一。

田中英司

2019年1月

译者后记

    时间如白驹过隙，不知不觉我已经留校十一年了。我还记得刚留校时，朱泓老师和王立新老师就找到我谈留校后的教学，因为我打制石器绘制得较好，建议我今后在吉林大学开展考古绘图的教学工作，于是我联系了之前讲授过考古绘图课的王培新老师和林雪川老师"取经"。2016年，我无意中在网上看到了日本学者田中英司先生2004年出版的《石器测量方法——绘图信息技术》，因为是日文版，所以只重点看了一下书中的石器绘图案例。2017年，我联系了即将出国读博、日语水平较高的刘妍同学，由她对本书尝试进行初步翻译。2018年，我赴加拿大多伦多大学东亚学系和皇家安大略博物馆进行为期一年的访学，闲暇之际，准备根据这些年石器绘图的教学与实践经验编一本《石器绘图》的教材，故又把这本书重新找出来翻译完成。2019年，我回国后刚好收到了田中英司先生寄过来的《石器绘图》（2019年修订版），内容和插图做了少许变动，尤其是书中的图版重新进行了替换和编排，针对这些变化，由我当时带的硕士研究生王家琪同学重新对译稿进行了校对和润色。

    石制品是我们认识史前人类及其行为模式，复原远古历史最为丰富的信息载体，在大多数旧石器时代遗址中，石制品是我们了解历史的唯一遗存。因此，最大限度地获取石制品蕴含的人类行为信息，是研究者最为关注的问题。信息获取是进行石制品分析的基础。石制品分析是旧石器考古学研究最基础也是最重要的研究手段，由此探寻古人类的石器制作工艺技术、生存行为模式以及认知能力，借此复原人类的起源与演化过程。

    定性与定量的描述是获取石制品信息最重要的两个方法，这些描述一般通过绘图、照相、测量等手段实现。绘图实际上是石制品在二维尺度上的复原，将描述对象的所有结构抽象为点、线、面、体，然后通过离散的测量点绘制二维图，辅以图像了解标本的外观特征；而测量则是精确量化石制品特征点，进行研究、分析。石制品线图成为史前学者交流的主要工具，它与文字描述、照片、图表和数据等信息同等重要；作为一种世界性的图像语言，绘图的根本原则是真实再现石制品本身。国外学者一直重视石器绘图的标准制定、规范推广，陆续出版了很多有关石器绘图的著作及教材，例如《A Guide to Archaeological Drawing》（McCormick A.G.，1977）《Lithic Illustration》（Lucile R. Addington，1986）、《Archaeological Illustration》（Lesley Adkins，Roy A.Adkins，1989）、《The Student Guide to Archaeological Illustrating》（Brian D.Dillon，1992）、《Drawing Archaeological Finds: A Handbook》（Nick Griffiths，Anne Jenner，2002）、《Flintknapping: Making and Understanding Stone Tools》（JohnC. Whittaker，2007）。虽然我国关于石器绘图的著作和教材相对较少，出版也较晚，但早在20世纪80年代初，已陆续出版了关于石器绘图的手册或教材，诸如《考古工作手册》（中国社会科学院考古研究所，1982）、《田野考古学》（冯恩学等，1993、2008）、《考古绘图》（马鸿藻，1993）、《考古器物绘图》（马鸿藻，2008）、《田野考古工作规程》（国家文物局，2009）、《田野考古绘图》（马鸿藻，2010）等，这些书籍或多或少介绍了石器绘图的基本原理及方法。特别值得一提的是，北京大学考古文博学院马鸿藻老师先后出版的《考古绘图》《考古器物绘图》等教材中均有单独的章节介绍石器绘图的原理及绘制方法，也产生了较好的教学效果。

此外，我国旧石器考古学者也开始慢慢关注国外石器绘图的发展史、新技术与方法在石器绘图上的应用等方面，陆续发表了一些关于石器绘图的论文，例如周玉端、李英华发表在《考古》上的《从遗物展示到技术阐释：法国旧石器绘图方式的变迁和启示》；邓聪发表在《南方民族考古》上的《旧石器破裂面图像学的历史剖析——从八仙洞遗址石器绘图说起》；贾昌明发表在《南方文物》上的《磨制石器及相关石制品的表面形态与绘图》；周振宇发表在《人类学学报》上的《多视角三维重建技术在石制品研究中的应用》等。这些著作、教材及论文都对于我国石器绘图基本原理的介绍、技术方法的推广等、都具有重要的学术意义和价值。本书主要介绍了东亚地区特别是日本石器绘图的发展简史，阐释了打制石器的基本原理，书中相当篇幅展开讲述了不同石器打制技术及修理技术在绘图上的不同表现方法，详细讲述了石器绘图中的石器定位、点线的使用、光线的表现、视图的布局等方面，举例介绍了细石叶、石叶石核剥片的基本原理和画法。

感谢吉林大学考古学院陈全家教授对我攻读硕士学位期间石器绘图的严格把关和悉心教导；感谢吉林大学考古学院的朱泓教授、王培新教授、王立新教授、林雪川老师对我留校时接任考古绘图课程主讲教师时给予充分的信任和鼓励；感谢河北师范大学赵海龙教授、武汉大学李英华教授、中国社会科学院考古研究所周振宇副研究员、中国科学院古脊椎动物与古人类研究所全广博士、吉林大学考古学院权乾坤博士及博士研究生魏天旭提供了很多有益的探讨和帮助。科学出版社的编辑王琳玮女士为本书的出版付出了很多心血。在此，谨向支持和帮助本书出版的学者致以诚挚的谢意。

感谢吉林大学考古学院"双一流"建设项目对本书出版的资助。

译者

2021年5月